Fi – y peiriant gorau un!

Y corff

Rhagair

Llyfr yn llawn o ffeithiau a darnau ffuglen sydd yma, er mwyn annog plant i chwilio a chwalu ac i fwynhau darllen yn annibynnol. Mae pob uned yn cynnwys dau destun ffeithiol a dau destun ffuglen, gyda'r ddau destun ar y tudalennau melyn yn llai heriol, a'r ddau destun ar y tudalennau porffor ar gyfer darllenwyr haen uwch/MATh. Mae yma enghreifftiau o wahanol ddiben a *genres* o ysgrifennu, yn unol â'r hyn sydd wedi ei nodi yn y Rhaglen Astudio.

Mae'r cwestiynau sydd ymhob uned (Chwilio a chwalu) yno er mwyn datblygu sgiliau ymresymu a thrafod, ac er bod ambell un o'r cwestiynau yn fwy llythrennol, nid ydynt wedi eu gosod mewn trefn. Mae hyn yn rhoi cyfle i bob plentyn roi tro ar bob cwestiwn, yn hytrach na chyfyngu ar awydd plentyn i geisio trafod y cwestiynau heriol.

Ceir geirfa yng nghefn y llyfr er mwyn i'r darllenydd ifanc gael ymchwilio'n annibynnol i ystyr y geiriau sydd wedi'u duo, i helpu gyda dealltwriaeth ac i ehangu stôr geirfa. Bwriedir i'r eirfa fod yn lled heriol, er mwyn sicrhau digon o her.

Cynnwys

Haen Sylfaenol/Canolig

Haen Uwch/MATh

Fi – y peiriant gorau un!

Y galon

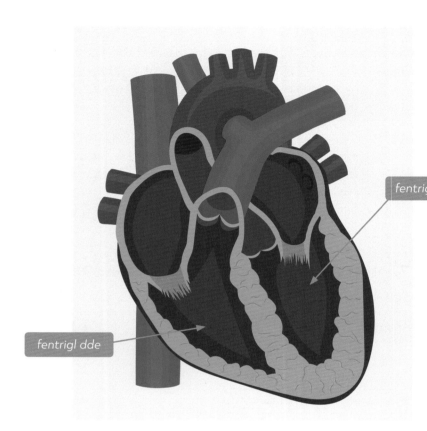

Cyhyr sy'n gweithio fel pwmp yw'r galon. Mae'n un o **organau** pwysicaf y corff. Mae'n pwmpio gwaed llawn ocsigen a maeth o amgylch y corff, ac yn cludo carbon deuocsid a gwastraff oddi yno.

fentrigl chwith

fentrigl dde

Cnoi cil

- Mae'r galon tua'r un maint â dwrn llaw fawr.
- Mae'r galon yn pwmpio gwaed o amgylch y corff mewn tua munud.
- Mae tua 9,000 o bobl yn marw o glefyd y galon bob blwyddyn yng Nghymru.

Curiad y galon

Mae mesur **curiad y galon** am un funud yn dweud wrthyn ni beth yw **cyfradd** curiad y galon, neu ba mor gyflym mae'r galon yn curo.

Wrth ymarfer corff, dyma beth sy'n digwydd i guriad y galon.

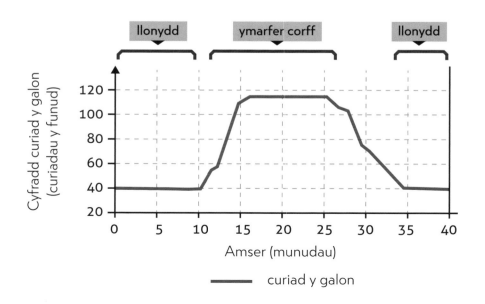

FFUGLEN

Un galon

Mae gen i galon fechan
Yn curo dan fy **mron**,
Un iachus, goch a pherffaith,
Llawn cariad ydy hon.

Fe deimlaf dristwch weithiau,
Dro arall rwyf yn llon,
Fe deimlaf ofn a chyffro,
Un hynod iawn yw hon.

Ac er mai pwmp yw'r organ
Yn pwmpio gwaed drwy'r dydd,
Fe gadwaf hi yn saff ac iach –
Dim ond un galon sydd.

                              Menna Beaufort Jones

Cnoi cil

Ar gyfartaledd mae calon eliffant yn pwyso rhwng 12 a 21 kg.
Dyma Fflos – mae hi'n pwyso 16 kg.

Chwilio a chwalu

Beth am drafod gyda ffrind i weld a ydych chi'n cytuno gyda'r atebion? Trafodwch ble'r ydych chi'n dod o hyd i'ch ateb, os yw yn y testun.

1 Beth yw maint y galon?

2 Pa fath o waed mae'r galon yn ei bwmpio o amgylch y corff?

3 Pa deimladau sydd yn y gerdd? Rhestrwch nhw.

4 Beth sy'n digwydd i guriad y galon wrth ymarfer corff?

5 Pam, yn ôl y gerdd, ddylen ni ofalu am ein calon? Defnyddiwch y testun i gefnogi'ch rheswm.

6 Pam mae'r bardd yn galw'r galon yn 'hynod'? Defnyddiwch y testun i'ch helpu.

Y galon

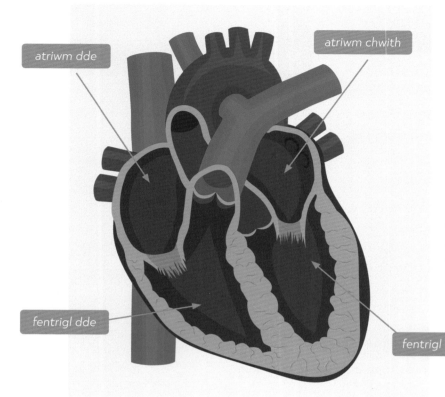

atriwm dde

atriwm chwith

fentrigl dde

fentrigl chwith

Cyhyr sy'n gweithio fel pwmp yw'r galon. Mae'n un o **organau** pwysicaf y corff. Mae'n pwmpio gwaed llawn ocsigen a maeth o amgylch y corff, ac yn cludo carbon deuocsid a gwastraff oddi yno.

Pibellau sy'n cludo gwaed o amgylch y corff. Mae **rhydwelïau** yn cario gwaed o'r galon i organau eraill. Mae **gwythiennau** yn cario gwaed yn ôl i'r galon. Mae'r gwaed yn **cylchredeg** yn y corff drwy'r system rhydwelïau a gwythiennau.

Curiad y galon

Mae mesur curiad y galon am un funud yn dweud wrthyn ni beth yw **cyfradd** curiad y galon, neu ba mor gyflym mae'r galon yn curo. Mae'r graff yn dangos cyfradd curiad calon un unigolyn cyn, yn ystod, ac ar ôl ymarfer corff.

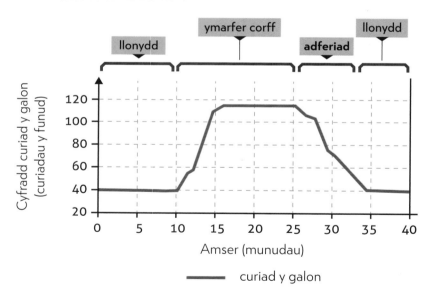

curiad y galon

Cnoi cil

- Mae'r galon yn curo tua 80 gwaith mewn munud ar gyfartaledd, sy'n 115,200 gwaith y dydd. Gall cyfradd curiad calon athletwr fod mor isel â 40 pan fydd yn llonydd ac yn ymlacio.
- Gall calon baban newydd-anedig guro hyd at 190 gwaith mewn munud.

FFUGLEN

Ffair ysgol

Ysbyty Trewiber
Llanbobman
Ynys Boeth
ST24 5PR

17 Gorffennaf 2018

Ysgol Gynradd Llanbobman
Llanbobman
Ynys Boeth
ST24 6PT

Annwyl Gyngor Ysgol,

Ar ran Ysbyty Trewiber hoffwn ddiolch yn fawr iawn i chi fel cyngor ysgol am eich rhodd hael o £1,500 yn ddiweddar. Mae'n anodd credu eich bod wedi medru codi cymaint o arian mewn Ffair Haf. Roeddem wrth ein boddau yn gweld eich hanes yn y papur lleol ac ar y cyfryngau cymdeithasol. Roedd y staff yn edmygu'ch stondin gacennau – roeddech chi wedi bod yn brysur iawn yn coginio! Roedd y syniad o ddefnyddio beic ymarfer yn un gwych hefyd. Gobeithio bod pawb oedd yn y ffair wedi cael tro arno er mwyn gweld beth oedd cyfradd curiad eu calonnau ar ôl ymarfer corff. Rwy'n siŵr bod y canlyniadau wedi bod yn syndod i rai.

Byddwn yn defnyddio'r arian er mwyn rhannu gwybodaeth gyda phobl o bob oedran am bwysigrwydd cadw'n iach. Fel y gwyddoch, mae'n siŵr, mae deiet cytbwys a digon o ymarfer corff yn cadw'ch calon yn iach. Mae gormod o bobl yn dioddef o glefyd y galon yng Nghymru, a gyda'ch cefnogaeth chi gallwn addysgu llawer mwy o bobl am y clefyd a sut i'w osgoi.

Os hoffech ymweld â'r ysbyty i weld y peiriannau ac i glywed am ein gwaith, mae croeso i chi gysylltu i drefnu. Diolch unwaith eto am ddangos diddorddeb, am eich cefnogaeth a'ch gwaith caled.

Yr eiddoch yn gywir,

Megan Sandford

Rheolwr Cysylltiadau Cyhoeddus, Ysbyty Trewiber

Chwilio a chwalu

Beth am drafod gyda ffrind i weld a ydych chi'n cytuno gyda'r atebion? Trafodwch ble'r ydych chi'n dod o hyd i'ch ateb, os yw yn y testun.

1 Sawl gwaith mae'r galon yn curo mewn diwrnod?

2 Beth yw swydd Megan Sandford?

3 Sut aeth Ysgol Llanbobman ati i godi arian?

4 Beth mae'r graff yn ei ddweud wrthyn ni am ffitrwydd y person?

5 Pa adeg o'r flwyddyn gafodd y ffair ei chynnal gan yr ysgol? Sut ydych chi'n gwybod hyn?

6 Ydych chi'n cytuno â sut mae'r ysbyty yn mynd i wario'r arian neu oes gennych chi syniadau eraill?

Fi – y peiriant gorau un!

Yr ysgyfaint

- Mae **ysgyfaint** yn llanw ardal y frest. Mae un bob ochr i'r galon.

- Yn rhyfedd iawn, mae'r ysgyfant dde ychydig yn fwy na'r ysgyfant chwith. Rhaid i'r ysgyfant chwith rannu lle gyda'r galon, felly mae ychydig yn llai.

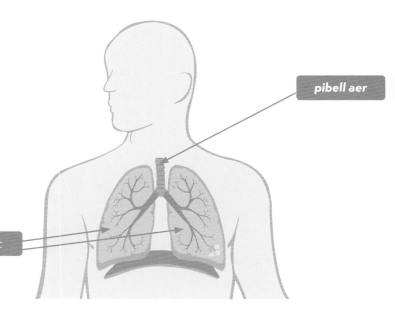

pibell aer

ysgyfaint

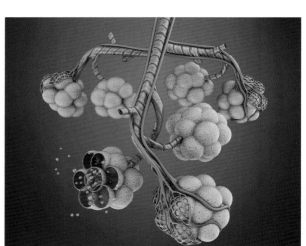

Mae'r ysgyfaint yn edrych fel dau sbwng enfawr. **Pibellau** mân sydd yma, gyda sach llawn aer ar ben pob pibell.

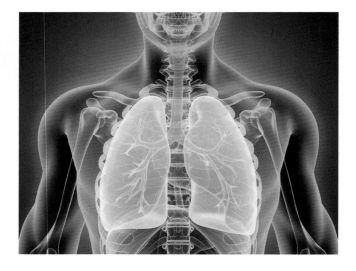

Mae **cawell yr asennau** yn **amddiffyn** yr ysgyfaint. Rhwng yr asennau mae cyhyrau sydd yno er mwyn i ni allu anadlu.

Cnoi cil

Bydd person yn dioddef pwl o asthma pan fydd y tiwbiau bach sy'n cludo aer i mewn ac allan o'r ysgyfaint yn lleihau, a'r cyhyrau o'u cwmpas yn tynhau. Mae hyn yn ei gwneud hi'n anodd i anadlu.

Fi – y peiriant gorau un!

Breuddwyd Tudur

Byddai ennill cystadleuaeth traws gwlad yr ysgol fel breuddwyd yn dod yn wir i Tudur. Byddai'n ymarfer ac yn ymarfer bob dydd. Roedd ganddo esgidiau rhedeg da, y dillad cywir a rhaglen hyfforddi, ond eto, doedd Tudur ddim yn hapus.

Doedd Tudur ddim yn gallu cwblhau'r cwrs traws gwlad, dim ots pa mor galed yr oedd yn ymarfer. Wrth redeg byddai ei frest yn tynhau a byddai'n rhaid iddo roi'r gorau iddi bob tro. Teimlai'n grac a digalon.

Un diwrnod, daeth ymwelydd i'r ysgol i siarad am iechyd. Siaradodd am nifer o **anhwylderau**. Ar ddiwedd y sgwrs aeth Tudur ati i siarad am ei broblem ef. Eglurodd ei fod yn ymarfer bob dydd at y gystadleuaeth traws gwlad ond bod ei frest yn tynhau yn sydyn. Awgrymodd yr ymwelydd ei fod yn mynd at y meddyg.

Drannoeth, ar ôl bod at y meddyg, aeth Tudur i ymarfer rhedeg. Dechreuodd ei frest dynhau eto. Y tro hwn, yn lle rhoi'r gorau i redeg, tynnodd Tudur declyn bach glas o'i boced. Gwthiodd y pwmp i'w geg, anadlu i mewn, a pharhau i redeg. Rhedodd a rhedodd a rhedodd! Cysgodd Tudur yn hapus y noson honno.

* * *

Gwawriodd diwrnod y gystadleuaeth traws gwlad. Cododd Tudur o'i wely yn hapus fel y gog. Ffarweliodd â'i fam a'i dad ar ôl cael brecwast maethlon.

"Wela i di yn y gystadleuaeth. Gwna dy orau, ond paid â phoeni os na fyddi di'n gallu gorffen – cymryd rhan sy'n bwysig," gwaeddodd Dad wrth i Tudur gau'r drws yn glep.

Roedd y ras wedi hen ddechrau erbyn i Dad a Mam gyrraedd yr ysgol. Edrychodd y ddau am Tudur yng nghanol yr holl redwyr, ac allen nhw ddim credu eu llygaid. Roedd Tudur ar y blaen a dim ond dau gan metr i fynd! Dechreuodd Dad neidio i fyny ac i lawr yn llawn cyffro. Hwrê! Tudur oedd wedi ennill!

"Da iawn, Tudur!" bloeddiodd Dad.

"Diolch, Dad, a diolch i'r pwmp bach glas," atebodd Tudur.

"A diolch i'r holl ymarfer," chwarddodd Mam yn falch.

Chwilio a chwalu

Beth am drafod gyda ffrind i weld a ydych chi'n cytuno gyda'r atebion? Trafodwch ble'r ydych chi'n dod o hyd i'ch ateb, os yw yn y testun.

1 Sawl ysgyfant sydd gennyn ni?

2 Pa un o'r ysgyfaint sy'n fwy na'r llall a pham?

3 Beth oedd breuddwyd Tudur?

4 Pa afiechyd ydych chi'n credu sydd ar Tudur? Esboniwch pam rydych chi'n meddwl hyn.

5 Pam ydych chi'n meddwl bod Tudur wedi cysgu'n hapus ar ôl gweld y meddyg?

6 Pam ydych chi'n credu bod Dad wedi defnyddio'r geiriau, "Paid â phoeni os na fyddi di'n gallu gorffen – cymryd rhan sy'n bwysig."?

Fi – y peiriant gorau un!

Yr ysgyfaint

- Mae'r **ysgyfaint** yn llanw ardal y frest. Mae un bob ochr i'r galon. Mae'r ysgyfaint yn pwyso tua 1.3 kg gyda'i gilydd.

- Yn rhyfedd iawn, mae'r ysgyfant dde ychydig yn fwy na'r ysgyfant chwith. Rhaid i'r ysgyfant chwith rannu lle gyda'r galon, felly mae ychydig yn llai.

pibell aer

eisbilen

ysgyfaint

llengig

sachau aer (alfeoli)

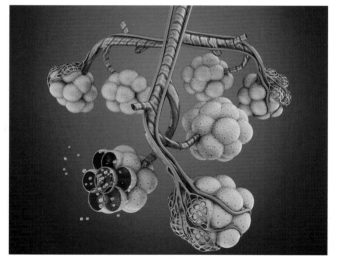

Mae'r ysgyfaint yn edrych fel dau sbwng enfawr. Pibellau mân sydd yma, gyda sach llawn aer ar ben pob pibell. **Alfeoli** yw'r enw ar y sachau aer hyn.

Mae **cawell yr asennau** yn amddiffyn yr ysgyfaint. Rhwng yr asennau mae cyhyrau sy'n angenrheidiol er mwyn i ni allu anadlu. Mae gan bob person 12 pâr o asennau.

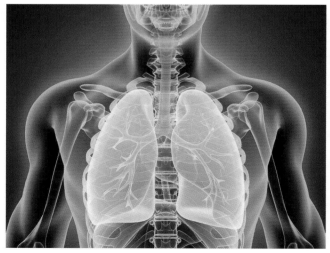

Ras yr Wyddfa

3, 2, 1... Bîp!
Rhedwyr yn taranu ar hyd y tarmac
Fel ceffylau gwyllt ar hyd y stryd.
Cyffro yn cyflymu camau,
Chwys yn diferu o dalcen
Ac anadl yn drymach.

Pob milltir yn anoddach,
Pob milltir yn arafach,
Pob milltir yn dawelach.
I fyny, i fyny, i fyny.

Y dorf yn cilio,
Bloeddiadau yn atsain yn y pellter,
Y gwynt yn gwmni, ac ambell ddafad strae
A stêm y trên yn chwyrlïo heibio.
I fyny, i fyny, i fyny.

Cyrraedd y copa.
Llaw chwyslyd ar garreg,
Anadlu'n drwm a thagu,
I lawr, i lawr, i lawr.

Llyn a chwm a llethr
Ar garlam ac ar wib,
Blinder yn llethu,
Cyn troi'r gornel
A gweld Llanberis yn y pellter
Yn gwenu yn yr heulwen.

Menna Beaufort Jones

Cnoi cil

Cafodd Ras yr Wyddfa ei chynnal am y tro cyntaf yn 1976. Roedd 86 o bobl yn cystadlu y flwyddyn honno. Erbyn hyn, mae tua 600 o bobl yn rhedeg y 10 milltir o Lanberis i gopa'r Wyddfa ac yn ôl bob blwyddyn.

Chwilio a chwalu

Beth am drafod gyda ffrind i weld a ydych chi'n cytuno gyda'r atebion? Trafodwch ble'r ydych chi'n dod o hyd i'ch ateb, os yw yn y testun.

1 Sawl asen sydd gan berson?

2 Yn ôl y gerdd, pa gwmni sydd gan redwyr Ras yr Wyddfa?

3 Pam mae un ysgyfant yn llai na'r llall?

4 Ym mha bentref mae Ras yr Wyddfa yn cael ei chynnal? Sut ydych chi'n gwybod hyn?

5 Mae rhai geiriau yn cael eu hailadrodd yn y gerdd. Pa rai ydyn nhw, ac ydych chi'n meddwl eu bod yn effeithiol?

6 Defnyddiwch eiriadur i ddeall ystyr y gair 'llethu'.

Fi – y peiriant gorau un!

Y sgerbwd

Heb sgerbwd byddech chi fel jeli ar y llawr! Y sgerbwd sy'n rhoi siâp i'r corff. Mae'r sgerbwd hefyd yn **amddiffyn** organau'r corff.

Dyma sgerbwd broga. Mae'r sgerbwd yn dangos siâp corff y broga yn amlwg.

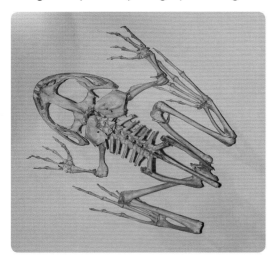

Mae 206 o esgyrn mewn sgerbwd oedolyn, ond mae gan faban bach tua 305 asgwrn. Mae rhai o'r esgyrn hyn yn **uno** wrth i blentyn dyfu.

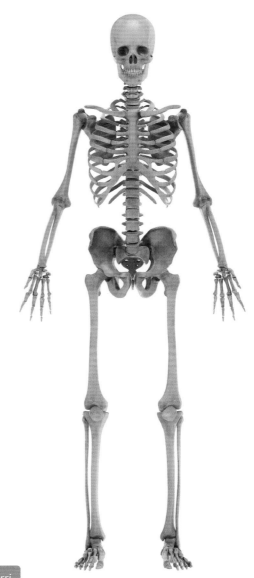

Os ydych chi wedi syrthio ac mewn poen, efallai eich bod wedi torri asgwrn. Gall peiriant **pelydr x** ddangos hyn.

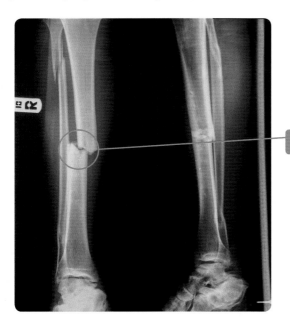

asgwrn wedi torri

Ar ôl torri asgwrn, mae angen plastr caled amdano er mwyn rhoi cyfle i'r asgwrn uno, **cryfhau** a thyfu'n ôl.

Cnoi cil

Mae tua 31% o esgyrn yn ddŵr.

Fi – y peiriant gorau un!

Yn y ffair

Mae'n noson y ffair ac mae Twm a Callum yn crwydro yn llawn cyffro.

Twm *(gan dynnu ei ffrind)*: Dere, Callum, beth am i ni fynd ar y **troellwr**?

Callum: Ond ry'n ni wedi bod ddwywaith yn barod, a dwi eisiau bwyd. Dere, dwi awydd ci poeth. Falle y ca i gandi fflos hefyd.

Twm *(yn anfodlon)*: Iawn, ond paid â bwyta gormod. Ti'n gwybod beth ddigwyddodd llynedd.

Callum: Wna i ddim. Paid â phoeni.

Maen nhw'n cyrraedd y stondin fwyd.

Twm: Dau gi poeth, os gwelwch yn dda... Diolch.

Callum: Ro'dd hwnna'n ddrud — dim ond dwy bunt sydd ar ôl gen i.

Twm: A finne, ac mae'r troellwr yn dair punt. Dere, bydd rhaid i ni chwilio am rywbeth rhatach.

Mae'r ddau'n crwydro ac yn sefyll wrth y trên sgrech.

Callum: Ti'n gêm?

Twm *(yn bryderus)*: Y... y... y... wrth gwrs fy mod i. Dere.

Mae'r ddau yn talu ac yn mynd i mewn i'r cerbyd cyntaf, ac yna i mewn i'r twnnel tywyll.

Callum *(yn y tywyllwch)*: Dyw hwn ddim mor wael â hynny. Edrych ar y wrach 'na — dyw hi ddim yn codi ofn arna i. *(Gan chwerthin)* Edrych — ysbryd... wwww! Twm 'achan... Twm?

Daw'r cerbyd allan o'r twnnel ac mae gwallt Callum yn sefyll i fyny'n syth ar ei ben.

Callum: Twm... Aaaaaaa!

Sgerbwd: Dwi ddim wedi gweld Twm! Ha ha ha!

Chwilio a chwalu

Beth am drafod gyda ffrind i weld a ydych chi'n cytuno gyda'r atebion? Trafodwch ble'r ydych chi'n dod o hyd i'ch ateb, os yw yn y testun.

1 Beth sy'n bwysig am y sgerbwd?

2 Faint o ddŵr sydd mewn esgyrn?

3 Ar ba reid yn y ffair mae Twm eisiau mynd?

4 Beth ydych chi'n meddwl ddigwyddodd i Callum llynedd?

5 Sut mae Twm yn teimlo pan mae Callum yn awgrymu mynd ar y trên sgrech? Beth sy'n gwneud i chi feddwl hyn?

6 Pwy ydych chi'n meddwl sy'n eistedd drws nesaf i Callum ar y diwedd? Esboniwch pam.

Fi – y peiriant gorau un!

Y sgerbwd

Heb sgerbwd byddech chi fel jeli ar y llawr! Y sgerbwd sy'n rhoi siâp i'r corff. Mae'r sgerbwd hefyd yn **amddiffyn** organau'r corff.

Mae 206 o esgyrn mewn sgerbwd oedolyn, ond mae gan faban newydd-anedig tua 305 asgwrn. Mae rhai o'r esgyrn hyn yn **uno** wrth i blentyn dyfu.

Fedrwch chi ddyfalu sgerbydau pa greaduriaid yw'r rhai isod?

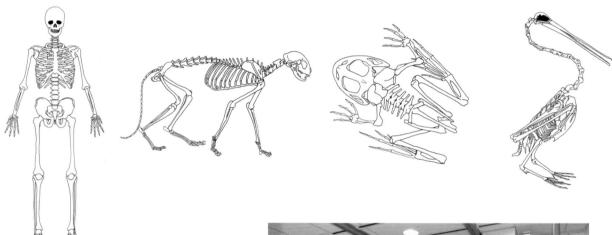

Os ydych chi wedi syrthio ac mewn poen, efallai eich bod wedi torri asgwrn. Bydd yn rhaid cael llun **pelydr x** i weld.

Mae'r ysbyty yn tynnu'r llun pelydr x mewn ystafell fel hon yn yr adran ddamweiniau.

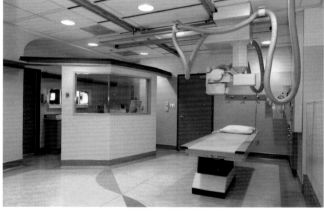

Os bydd asgwrn wedi torri, mae angen plastr caled amdano er mwyn rhoi cyfle i'r asgwrn uno, **cryfhau** a thyfu'n ôl.

Ar gyfartaledd, mae'n rhaid cadw cast plastr ymlaen am tua chwe wythnos, ond bydd yr asgwrn yn dal i drwsio ei hun am o leiaf un mis ar ôl ei dynnu hefyd.

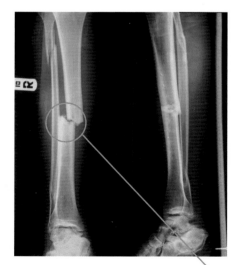

asgwrn wedi torri

Cnoi cil

Cafodd olion esgyrn eu darganfod mewn ogof ym Mhen-y-fai, Penrhyn Gŵyr yn 1823. Mae'r esgyrn yn tua 34,000 oed! 'Dynes goch Pen-y-fai' oedd yr enw gafodd ei roi ar y sgerbwd, er iddyn nhw ddarganfod yn nes ymlaen mai esgyrn dyn oedden nhw.

Fi – y peiriant gorau un!

Sgerbwd Calan Gaeaf (Dyddiadur)

<u>Dydd Mercher, 31 Hydref</u>

O'r diwedd! Roedd noson Calan Gaeaf wedi cyrraedd. Codais cyn cŵn Caer bore 'ma i baratoi at heno – ro'n i wedi cyffroi'n lân! Es i i'r siop i brynu addurniadau ond cefais siom – dim ond rhyw we pry cop diflas wedi'i gwneud â gwlân cotwm a phwmpenni plastig oedd yno. Troais ar fy sawdl a cherdded allan o'r siop. Ar ôl cyrraedd adref, es ati'n syth i addurno'r lle. Roedd yr ystafell fyw yn llawn gwe pry cop go iawn, felly gofynnais i'r teulu bach o gorynnod wau rhagor o we yn y cyntedd ac o amgylch drws y ffrynt. Yna, cerfiais bwmpenni, gan roi wynebau brawychus iddyn nhw. Bu bron i mi â chodi ofn ar fy hun! Gosodais arwydd ar ddrws y ffrynt yn dweud: "Sgerbydau yn byw yma – byddwch yn ofalus!" Wel, doeddwn i ddim yn dweud celwydd, nac oeddwn? Arhosais yn eiddgar tan i mi glywed sŵn esgyrn brau yn llusgo'n araf i fyny'r llwybr tuag at y drws ffrynt. Roedd fy ffrindiau wedi cyrraedd. Agorais y drws yn betrusgar a gwelais Huw, Jo a Sioned. Roedd golwg braidd yn welw ar Huw, ond dyna ni, roedd y daith o'r fynwent yn bell i rywun ei oedran e.

<u>Dydd Iau, 1 Tachwedd</u>

Wel, am noson! Cyrhaeddodd plant bach y drws neithiwr wedi gwisgo fel gwrachod ac ysbrydion, ac roedd ambell anghenfil yn eu plith. Clywais y criw yn trotian i fyny'r llwybr y tu allan, yn parablu ac yn chwerthin. Cerddais yn araf at y drws, gan aros yno yn barod i godi braw arnyn nhw. Canodd y gloch, felly agorais y drws gwichlyd yn araf. Syllais i fyw eu llygaid a chlywais sgrech fyddarol. Gwyliais y plant yn sgrialu i lawr y llwybr wrth i mi a fy ffrindiau chwerthin yn uchel! Arhosais yn eiddgar am y criw nesaf, ond am siom! Ni ddaeth neb. Bydd yn rhaid aros am flwyddyn gron arall cyn i mi gael hwyl fel yna eto!

Chwilio a chwalu

Beth am drafod gyda ffrind i weld a ydych chi'n cytuno gyda'r atebion? Trafodwch ble'r ydych chi'n dod o hyd i'ch ateb, os yw yn y testun.

1 Faint o esgyrn sydd gan oedolyn?

2 Pwy yw ffrindiau'r sgerbwd yn y dyddiadur?

3 Os ydych chi'n torri asgwrn, i ble ddylech chi fynd?

4 Esboniwch beth fyddai'n digwydd i'n cyrff heb sgerbwd.

5 Gwnewch restr o'r berfau person cyntaf (gorffennol) sydd yn y dyddiadur.

6 Beth yw eich barn am y frawddeg olaf yng nghofnod dydd Mercher, 31 Hydref?

Fi – y peiriant gorau un!

Yr ymennydd

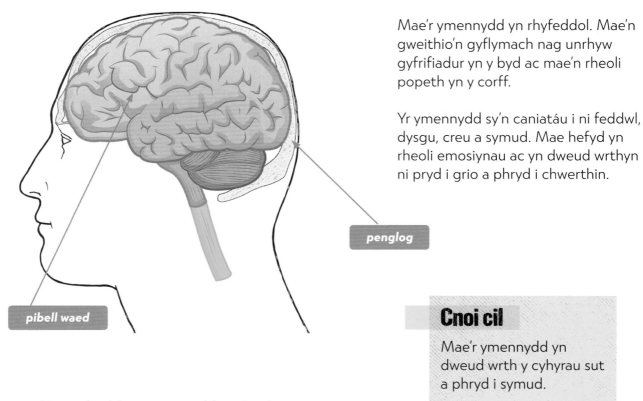

Mae'r ymennydd yn rhyfeddol. Mae'n gweithio'n gyflymach nag unrhyw gyfrifiadur yn y byd ac mae'n rheoli popeth yn y corff.

Yr ymennydd sy'n caniatáu i ni feddwl, dysgu, creu a symud. Mae hefyd yn rheoli emosiynau ac yn dweud wrthyn ni pryd i grio a phryd i chwerthin.

penglog

pibell waed

Cnoi cil

Mae'r ymennydd yn dweud wrth y cyhyrau sut a phryd i symud.

Mae ochr dde yr ymennydd yn rheoli ochr chwith y corff ac mae ochr chwith yr ymennydd yn rheoli ochr dde y corff.

Mae gan bob rhan o'r ymennydd rôl wahanol. Dyma rai pethau mae'r gwahanol rannau yn eu rheoli:

personoliaeth

emosiwn

symudiad

lleferydd

clyw

cof

dysgu

cyffyrddiad

iaith

golwg

cydbwysedd

FFUGLEN

Peiriant prysur

'Sdim angen i fi boeni
Am gerdded nac am droi,
Am neidio nac am nofio
Na rhedeg er mwyn ffoi.

Mae gen i beiriant prysur
Sy'n gwneud y rhain i gyd,
Heb imi orfod meddwl
Yn galed am ddim byd.

Mae'r peiriant yn rhoi neges
I'm corff i wneud ei waith,
Mae'n gadael i mi ddarllen
A siarad mewn sawl iaith.

Ond peiriant prysur, od yw hwn
Sy'n gweithio nos a dydd,
Mae'n gadael i mi ddewis
A charu a bod yn rhydd.

Menna Beaufort Jones

Cnoi cil

Mae'r **niwronau** yn yr ymennydd yn creu ac yn anfon mwy o negeseuon na holl ffonau'r byd.

Chwilio a chwalu

Beth am drafod gyda ffrind i weld a ydych chi'n cytuno gyda'r atebion? Trafodwch ble'r ydych chi'n dod o hyd i'ch ateb, os yw yn y testun.

1 Beth mae ochr dde'r ymennydd yn ei wneud?

2 Enwch o leiaf bum peth sy'n cael eu rheoli gan yr ymennydd.

3 Pa ansoddair sy'n cael ei ddefnyddio i ddisgrifio'r peiriant yn y gerdd?

4 Beth mae'r bardd yn ei alw'n beiriant? Ydy hyn yn effeithiol? Pam?

5 Pam ydych chi'n meddwl bod y bardd wedi agor y gerdd gyda'r llinell: 'Sdim angen i fi boeni?

6 Pam ydych chi'n meddwl bod y bardd yn defnyddio'r gair 'od' yn y pennill olaf?

Yr ymennydd

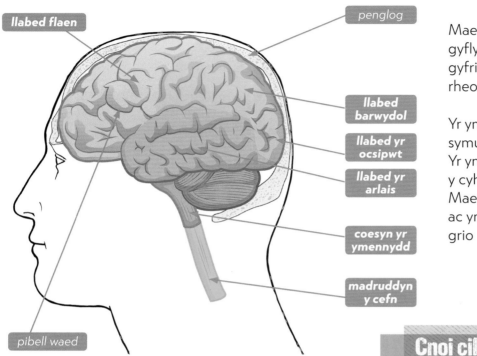

llabed flaen

penglog

llabed barwydol

llabed yr ocsipwt

llabed yr arlais

coesyn yr ymennydd

madruddyn y cefn

pibell waed

Mae'r ymennydd yn gweithio'n gyflymach nag unrhyw gyfrifiadur yn y byd ac mae'n rheoli popeth yn y corff.

Yr ymennydd sy'n rheoli pob symudiad rydyn ni'n ei wneud. Yr ymennydd sy'n dweud wrth y cyhyrau sut a phryd i symud. Mae hefyd yn rheoli emosiynau ac yn dweud wrthyn ni pryd i grio a phryd i chwerthin.

Mae'r ymennydd yn fregus iawn ac yn feddal. Mae'r **penglog** yn amddiffyn yr ymennydd rhag cael niwed. Mae beicwyr, dringwyr, sgïwyr a gyrwyr ceir cyflym yn defnyddio helmed er mwyn amddiffyn y pen. Tua 1,250 g yw pwysau helmed gyrrwr ceir rasio cyflym fel arfer. Mae'n bwysig nad ydy'r helmed yn rhy drwm.

Mae gan bob rhan o'r ymennydd rôl wahanol. Dyma rai pethau mae'r gwahanol rannau yn eu rheoli:

Cnoi cil

Am gyfnod ar ôl ymarfer corff mae'r corff yn creu cemegyn sy'n gwneud i'r ymennydd fod yn fwy awyddus i ddysgu. Felly os ydych chi'n gweld eich gwaith cartref yn anodd, pam na ewch chi i redeg yn yr ardd am ychydig cyn troi at y gwaith eto. Efallai y bydd y gwaith yn haws!

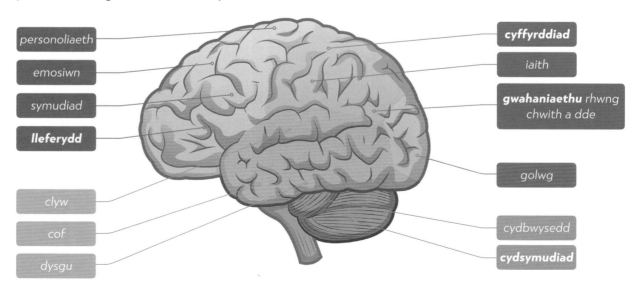

personoliaeth

emosiwn

symudiad

lleferydd

clyw

cof

dysgu

cyffyrddiad

iaith

gwahaniaethu rhwng chwith a dde

golwg

cydbwysedd

cydsymudiad

Fi – y peiriant gorau un!

Synnwyr cyffredin

Eisteddodd Dad yn benisel wrth fwrdd y gegin yn rhannu'r newyddion drwg gyda'i wraig, Ana, a'i blant, Iestyn a Gwen. Esboniodd fod y ffatri wedi ei ddiswyddo.

"Ond pam?" holodd Iestyn mewn penbleth.

"Ie, pam ti?" ychwanegodd Gwen.

Siaradodd Dad yn bwyllog, gan egluro bod peiriannau a chyfrifiaduron erbyn hyn yn gallu gwneud ei waith e'n well ac yn gynt. Eglurodd hefyd fod Mr Walters, y rheolwr, yn flin iawn am y sefyllfa. Teimlai'r teulu'n drist ac yn siomedig. Wrth fynd i olchi'r llestri, sibrydodd Dad yng nghlust Ana:

"Gwell i ti ffonio'r cwmni gwyliau – allwn ni ddim fforddio gwyliau eleni ar ôl hyn."

Nodiodd Ana ei phen yn dawel.

Drannoeth, wrth fynd heibio i'r ffatri yn y bws ysgol, sylwodd Iestyn a Gwen ar lorïau anferth yn cludo peiriannau trymion a chyfrifiaduron newydd yn ôl ac ymlaen i'r ffatri.

Roedd sŵn tynnu, gwthio, dyrnu, tyllu, gludo a phacio yn atseinio o du mewn y ffatri ddydd a nos.

*   *   *

Roedd Dad wedi cael llond bol ar fod yn segur. Roedd e wedi golchi'r car ddwywaith, wedi golchi'r llestri a smwddio pob dilledyn bron. Eisteddodd y teulu bach o gwmpas bwrdd y gegin yn barod i fwyta pryd diweddaraf Dad – pasta tomato, eto! Yn sydyn, canodd y ffôn. Cododd Dad i'w ateb.

"Helô, Tŷ'n Berllan… Ie… O, helô, Mr Walters… O, wir? Trueni am hynny… Iawn, dim problem. Diolch."

Ar ôl gorffen siarad ar y ffôn, gwisgodd Dad ei got a gadawodd y tŷ heb ddweud gair wrth neb.

Yn hwyrach y noson honno, dychwelodd Dad yn gwenu fel giât.

"Ble wyt ti wedi bod?" holodd Mam.

"Wel, credwch neu beidio, doedd peiriannau a chyfrifiaduron newydd y ffatri ddim yn gweithio – roedden nhw wedi torri. Dwi wedi bod yn eu trwsio, ac yn well na hynny, gan fy mod i wedi llwyddo i ddatrys y broblem, maen nhw wedi cynnig swydd i fi."

"Yn gwneud beth?" holodd y plant yn syn.

"Cadw llygad barcud ar y peiriannau a'r cyfrifiaduron. Yn y pen draw, mae pobl yn fwy clyfar na nhw. Does dim synnwyr cyffredin gan beiriannau!"

Chwarddodd y teulu cyfan ac aeth Mam i chwilio am rif ffôn y cwmni gwyliau.

Chwilio a chwalu

Beth am drafod gyda ffrind i weld a ydych chi'n cytuno gyda'r atebion? Trafodwch ble'r ydych chi'n dod o hyd i'ch ateb, os yw yn y testun.

1 Enwch dri pherson sydd yn gwisgo helmed.

2 Pa waith oedd Dad wedi ei wneud yn y cartref ers colli ei swydd?

3 Pam mae pwysau helmed gyrrwr ceir rasio cyflym yn bwysig?

4 Pa fath o bethau mae'r ymennydd yn eu rheoli?

5 Pam ydych chi'n credu bod yr awdur wedi ychwanegu'r gair 'eto!' ar ôl disgrifio pasta tomato Dad?

6 Sut mae hwyliau Dad wedi newid o ddechrau'r stori i'r diwedd? Pa eiriau sy'n dangos hyn yn y testun?

Fi – y peiriant gorau un!

Y synhwyrau

Y pum synnwyr ⟶ | gweld | clywed | arogli | blasu | teimlo

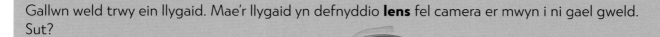

Gweld: y llygaid

Gallwn weld trwy ein llygaid. Mae'r llygaid yn defnyddio **lens** fel camera er mwyn i ni gael gweld. Sut?

1. golau yn teithio mewn llinellau syth a chyrraedd y llygad

2. teithio trwy'r lens

3. llun **pen-i-waered** yn cael ei greu ar y **retina**

4. neges yn teithio i lawr y **nerf optig** i'r ymennydd

5. yr ymennydd yn troi'r llun y ffordd gywir

Clywed: y clustiau

Gallwn glywed gyda'n clustiau. Mae tair rhan i'r glust – y rhan allanol, canol a mewnol. Mae synau yn mynd i mewn i'r glust trwy **bilen y glust**. Wrth i'r synau deithio drwy rannau'r glust, mae'r ymennydd yn cael neges ac yn deall y synau.

Arogli: y trwyn

Gallwn arogli pob math o **arogleuon** gyda'n trwyn. Mae'n ein helpu i arogli pethau fel llaeth wedi **suro**, ond gallwn hefyd arogli bwyd blasus. Mae'r trwyn hefyd yn ein helpu ni i anadlu aer i mewn i'r corff.

Blasu: y dafod

Gallwn flasu gyda'n tafod. Mae'r dafod yn adnabod gwahanol flasau, gan gynnwys blas:

- **chwerw** – coffi
- **sur** – lemon
- **hallt** – halen
- melys – banana

Teimlo: y croen

Gallwn deimlo'r gwahaniaeth rhwng llyfn a garw, poeth ac oer, gwlyb a sych wrth gyffwrdd pethau. Mae blaenau'r bysedd yn sensitif iawn. Mae bysedd y traed a gwefusau hefyd yn sensitif.

Cnoi cil

Brown yw'r lliw llygaid mwyaf cyffredin yn y byd.

Mae'r llygaid yn gallu adnabod gwahanol liwiau. Os nad yw'r llygaid yn gallu gwneud hyn, gallech fod yn **lliwddall**. Pa rif welwch chi yma?

Fi – y peiriant gorau un!

Y pen-blwydd tawel (Dyddiadur)

Dydd Sadwrn, 27 Hydref

Hwrê! Roedd y diwrnod mawr wedi cyrraedd o'r diwedd – fy mhen-blwydd yn naw oed. Codais yn gynnar, yn llawn cyffro, a rhuthrais i lawr y grisiau er mwyn gweld beth oedd wedi cyrraedd yn y post. Ni chefais fy siomi. Ar fwrdd y gegin roedd **pentwr** o gardiau mewn amlenni lliwgar a balŵn mawr coch yn hofran uwch eu pennau. Yna, aroglais fy hoff frecwast – roedd Dad wedi coginio crempog. Pwyntiodd Mam at yr anrheg a gwenais. Am ben-blwydd! Roeddwn yn teimlo'n hapus iawn. Rhwygais y papur meddal, sgleiniog ac edrychais yn ofalus... helmed beic newydd sbon! Grêt – roedd gen i helmed, ond dim beic! Arweiniodd Mam fi i'r ardd gefn. Yno yn sgleinio yn yr haul roedd beic mynydd newydd sbon. Un coch – yr un lliw â'r helmed. Neidiais i fyny ac i lawr yn llawen. Heno mae'r parti. Alla i ddim aros!

Dydd Sul, 28 Hydref

Bu pawb yn garedig iawn yn y parti neithiwr. **Cefais** lawer o anrhegion hyfryd ac roedd pawb yn **genfigennus** o'r beic newydd. Roedd Mam wedi coginio cacen ben-blwydd gyda llun beic arni. Roedd yn blasu'n fendigedig. Y peth gorau oedd bod neb wedi canu pen-blwydd hapus. Yn lle hynny, fe wnaethon nhw ddefnyddio iaith arwyddion. Roedd fy ffrindiau wedi gofyn i Miss Puw eu dysgu i **arwyddo**'r gân gyda'u dwylo fel syrpreis i fi. Do, wir, cefais ben-blwydd i'w gofio.

Chwilio a chwalu

Beth am drafod gyda ffrind i weld a ydych chi'n cytuno gyda'r atebion? Trafodwch ble'r ydych chi'n dod o hyd i'ch ateb, os yw yn y testun.

1 Pa ddwy swydd sydd gan y trwyn?

2 Sut mae golau yn teithio?

3 Beth gafodd y bachgen fel anrheg?

4 Sawl un o'r synhwyrau sy'n cael sylw yn y dyddiadur? Defnyddiwch y testun er mwyn chwilio am ferfau person cyntaf (-ais).

5 Yn y darn 'Grêt – roedd gen i helmed, ond dim beic!', sut mae'r bachgen yn teimlo? Beth sy'n gwneud i chi feddwl hyn?

6 Beth ydyn ni'n ei wybod am y bachgen? Pa rannau o'r testun sy'n dangos hyn i ni?

Fi – y peiriant gorau un!

Y synhwyrau

Gweld: y llygaid

Mae'r llygaid yn defnyddio **lens** fel camera er mwyn i ni gael gweld.

1. Yn gyntaf, mae golau o **wrthrych** yn cyrraedd y llygad drwy **gannwyll y llygad**.

2. Yna mae'r golau'n teithio trwy'r lens.

3. Mae'r **pelydrau** golau yn croesi yn hylif y llygad ac yn creu delwedd **ben-i-waered** ar y **retina** yng nghefn y llygad.

4. Mae **celloedd** y llygad yn anfon neges i lawr y **nerf optig** at yr ymennydd.

5. Yn olaf, mae'r ymennydd yn troi'r ddelwedd y ffordd gywir ac rydyn ni'n gallu gweld y gwrthrych.

Mae'r broses hon yn digwydd bob tro yr edrychwn ni o'n cwmpas!

Clywed: y clustiau

Mae tair rhan i'r glust ac mae'r tair rhan yn bwysig wrth i ni glywed synau – y rhan allanol, canol a mewnol. Mae'r synau'n mynd i mewn i'r glust trwy'r rhan allanol at ddarn tenau o groen o'r enw **pilen y glust**. Mae hwn yn **dirgrynu** ac yn gwneud i dri asgwrn bach grynu. Yn eu tro, mae'r nerfau sydd ar y **blewiach** yn y glust fewnol yn anfon neges at yr ymennydd. Mae'r ymennydd yn adnabod y synau fel ieithoedd neu synau.

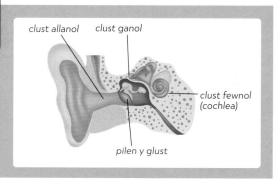

clust allanol   clust ganol

clust fewnol (cochlea)

pilen y glust

Arogli: y trwyn

Mae'r trwyn yn gallu **gwahaniaethu** rhwng gwahanol **arogleuon**. Mae'n ein helpu i arogli pethau fel bwyd wedi **pydru**, nwyon peryglus a llaeth sydd wedi **suro**. Ar y llaw arall, mae'n ein helpu i arogli pethau da fel bwyd blasus, blodau ac arogleuon glan y môr.

Blasu: y dafod

Mae'r dafod yn gallu blasu bwydydd a diodydd da a drwg. Mae'n synnwyr blasu ni yn amddiffyn y corff rhag bwyta neu yfed pethau a all fod yn wenwynig. Mae'n rhoi rhybudd i ni beidio â llyncu rhywbeth, ac felly'n arbed y stumog a'r corff. Gall y dafod adnabod gwahanol flasau, er enghraifft:

chwerw – coffi   **hallt** – halen
sur – lemon   melys – banana

Teimlo: y croen

Mae'r croen mewn cysylltiad amlwg â'r byd o'n cwmpas. Mae biliynau o nerfau yn y croen sy'n gallu adnabod y gwahaniaeth rhwng pethau poeth ac oer, llyfn a garw, gwlyb a sych. Darnau mwyaf sensitif y croen yw blaenau'r bysedd, y gwefusau a bysedd y traed.

Cnoi cil

Mae blewiach mân ar y croen. Pan fydd hi'n oer mae'r blew yn codi a phan fydd hi'n boeth mae'r blew yn gorwedd yn llyfn.

Fi – y peiriant gorau un!

Fy synhwyrau

Dwi'n gweld â'm llygaid bach i
rywbeth yn dechrau â… 'c'.
Cath, cadair, cadwyn, car,
cariad, caredigrwydd, cenfigen, casineb.

Dwi'n clywed â'm clust fach i
Rywbeth yn dechrau â… 'c'.
Clegar, clebran, cloncan, cwyno,
cariad, caredigrwydd, cenfigen, casineb.

Dwi'n arogli gyda'm trwyn bach i
Rywbeth yn dechrau â… 'c'.
Cwstard, creision, coffi, cnau,
cariad, caredigrwydd, cenfigen, casineb.

Dwi'n blasu â'm tafod fach i
Rywbeth yn dechrau â… 'c'.
Ceirios, candi fflos, cyw iâr, cyrri,
cariad, caredigrwydd, cenfigen, casineb.

Dwi'n teimlo â'm dwylo a'm calon i
Rywbeth yn dechrau â… 'c'.
Cariad,
caredigrwydd,
cenfigen,
casineb.

Menna Beaufort Jones

Chwilio a chwalu

Beth am drafod gyda
ffrind i weld a ydych chi'n
cytuno gyda'r atebion?
Trafodwch ble'r ydych
chi'n dod o hyd i'ch ateb,
os yw yn y testun.

1 Pa fath o flasau
all y dafod eu
hadnabod? Allwch chi
roi enghreifftiau eraill o
fwydydd yn lle'r rhai sydd
yma?

2 Yn y gerdd, beth
mae'r bardd yn gallu
ei flasu?

3 Sawl rhan sydd i'r
glust?

4 Pam mae'r awdur
wedi defnyddio
ebychnod ar ddiwedd
y frawddeg olaf yn y
wybodaeth am y llygaid?

5 Pa bethau sy'n cael
eu hailadrodd yn
y gerdd? Ydyn nhw'n
bwysig?

6 Mae'r gerdd yn
defnyddio gêm
draddodiadol ar
ddechrau'r penillion.
Allwch chi newid y
llythyren a chreu cerdd
newydd?

Fi – y peiriant gorau un!

Bwyta'n iach

Er mwyn cadw'r corff yn iach, mae'n rhaid ei fwydo'n dda. Mae angen bwyd ar y corff er mwyn rhoi egni i ni, fel mae angen **tanwydd** ar gar.

Mae angen bwyd a diod arnon ni. Mae angen i ni yfed tua wyth gwydraid o ddŵr y diwrnod. Er mwyn cael deiet **cytbwys** rhaid i ni fwyta **amrywiaeth** o fwydydd.

Y plât iach

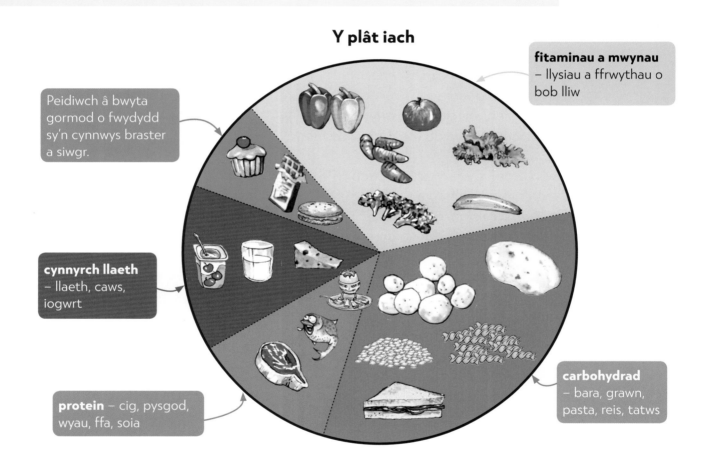

fitaminau a mwynau – llysiau a ffrwythau o bob lliw

Peidiwch â bwyta gormod o fwydydd sy'n cynnwys braster a siwgr.

cynnyrch llaeth – llaeth, caws, iogwrt

protein – cig, pysgod, wyau, ffa, soia

carbohydrad – bara, grawn, pasta, reis, tatws

Beth am greu picnic iachus gyda rhai o'r cynhwysion hyn?

- bara gwyn, bara brown, bara pita, pasta, cwscws
- cyw iâr, tiwna, eog, wy
- iogwrt, caws
- afal, mefus, banana, moron, pupur coch, melon, grawnwin, ciwcymber

Beth fyddech chi'n ei roi yn eich picnic?
Cofiwch ddewis yn ddoeth.

Fi – y peiriant gorau un!

Pecynnau bwyd

Cyngor Ysgol Penbedwen
Ysgol Penbedwen
Bro Bedwen

23 Chwefror 2018

Y Pennaeth
Ysgol Penbedwen
Bro Bedwen

Annwyl Mrs Elis,

Hoffai Cyngor yr Ysgol dynnu eich sylw at rai **materion** a godwyd yn ein cyfarfod. Yn gyntaf, rydym ni'n teimlo nad yw cynnwys pecynnau bwyd rhai disgyblion yn ddigon iach. Mae'r cyngor wedi sylwi nad ydyn nhw'n gytbwys o ran **maeth**, a bod angen gwybodaeth ar y disgyblion a'u rhieni am yr hyn sy'n dderbyniol.

Tybed a fyddai modd i ni astudio'r elfen hon yn ein gwersi? Awgrymodd rhai y gallem ni wneud thema gyfan ar fwyd a bwyta'n iach. Rwy'n siŵr y cytunwch â ni fod iechyd disgyblion yn bwysig iawn. Awgrym arall oedd i ofyn i nyrs yr ysgol ymweld â'r disgyblion i roi **cyflwyniad** ar fwyta'n iach. Gallem ni wahodd rhieni hefyd i glywed y negeseuon pwysig.

Problem arall oedd bod nifer y cwsmeriaid a ddaeth i'r siop ffrwythau wedi gostwng yn ystod y tymor. Mae hyn yn ein poeni ni oherwydd nad yw disgyblion yn cael eu **dogn** o ffrwythau yn ddyddiol. Hefyd, o ganlyniad i **brinder** cwsmeriaid, nid ydym yn derbyn digon o arian i allu cadw'r siop ar agor. Byddai gweithio ar fwyta'n iach yn y gwersi yn helpu hyn.

Gobeithio y byddwch yn ystyried ein cais. Edrychwn ymlaen at glywed eich ymateb.

Yr eiddoch yn gywir,

Sarah Evans (Ysgrifennydd Cyngor Ysgol Penbedwen)

Cnoi cil

Yn ystod Pencampwriaeth Tennis Wimbledon, mae rhwng 23,000 kg a 27,000 kg o fefus yn cael eu bwyta bob blwyddyn.

Chwilio a chwalu

Beth am drafod gyda ffrind i weld a ydych chi'n cytuno gyda'r atebion? Trafodwch ble'r ydych chi'n dod o hyd i'ch ateb, os yw yn y testun.

1 Sawl gwydraid o ddŵr ddylen ni ei yfed mewn diwrnod?

2 Sawl categori pwysig o fwyd sydd ar y plât iach? Beth yw eu henwau?

3 Pwy yw ysgrifennydd Cyngor Ysgol Penbedwen?

4 Pa ymadrodd sy'n awgrymu na ddylen ni fwyta llawer o fraster a siwgr? Defnyddiwch y testun i'ch helpu.

5 Sut yn eich barn chi mae'r Cyngor yn ceisio perswadio'r pennaeth i wrando ar eu syniadau? Cyfeiriwch at y testun.

6 Pam ydych chi'n credu bod angen i rieni fod yn rhan o'r gwaith hwn? Rhowch resymau dros eich atebion.

Bwyta'n iach

Er mwyn cadw'r corff yn iach, mae'n rhaid ei fwydo'n dda. Mae angen bwyd ar y corff er mwyn rhoi egni i ni, ac er mwyn iddo weithio'n iawn.

Gall y corff fyw heb fwyd am hyd at dair wythnos, ond dim ond am rai dyddiau all y corff fyw heb ddŵr.

Mae angen i ni yfed tua wyth gwydraid o ddŵr y diwrnod.

Er mwyn cael deiet **cytbwys** rhaid i ni edrych ar **gategorïau** bwyd. Rhaid i ni ddewis yn ddoeth.

Y plât iach

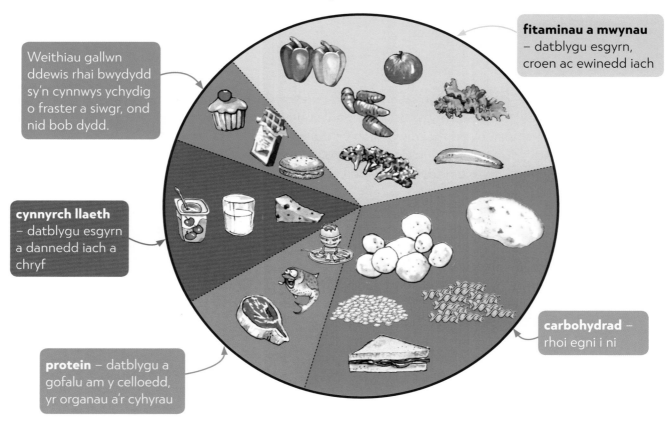

Weithiau gallwn ddewis rhai bwydydd sy'n cynnwys ychydig o fraster a siwgr, ond nid bob dydd.

fitaminau a mwynau – datblygu esgyrn, croen ac ewinedd iach

cynnyrch llaeth – datblygu esgyrn a dannedd iach a chryf

protein – datblygu a gofalu am y celloedd, yr organau a'r cyhyrau

carbohydrad – rhoi egni i ni

Beth am greu picnic iachus gyda rhai o'r cynhwysion hyn?

- bara gwyn, bara brown, bara pita, pasta, cwscws
- cyw iâr, tiwna, eog, wy
- iogwrt, caws
- afal, mefus, banana, moron, pupur coch, melon, grawnwin, ciwcymber

Beth fyddech chi'n ei roi yn eich picnic?
Cofiwch ddewis bwydydd o bob categori.

Cnoi cil

Weithiau mae rhai pobl yn penderfynu peidio â bwyta cig. Llysieuwyr ydy'r rhain.

Fi – y peiriant gorau un!

Y picnic

Cymeriadau:
Dad
Rhian, ei ferch
Tina, ffrind Rhian

Mae Dad a Rhian yn y gegin. Mae Rhian newydd godi.

Dad: O, dere 'mlaen, Rhian, bydd e'n sbort.

Rhian *(yn bigog)*: Ond dwi ddim eisiau mynd am bicnic — bydd e'n ddiflas a does dim bwyd neis 'ma, ta beth.

Dad *(yn llawn cyffro)*: Dwi wedi bod yn siopa bore 'ma cyn i ti godi. *(Pwyntia Dad at fwrdd y gegin sy'n llawn bwydydd.)* Dere, fe wnawn ni baratoi'r bwyd a mynd allan am y diwrnod.

Rhian *(yn edrych allan drwy'r ffenest)*: Mae'n ddiflas — dydy hi ddim yn dywydd mynd am bicnic.

Dad *(sydd wedi dechrau rhoi menyn ar y bara erbyn hyn)*: D'wedodd dyn y tywydd ar y radio bore 'ma ei bod yn mynd i wella erbyn canol y bore. A dyna'n union dd'wedodd Sali yn y siop wrtha i hefyd.

Rhian *(gan gerdded draw at fwrdd y gegin yn araf)*: Iawn te — beth wyt ti moyn i fi ei wneud?

Dad: Dewis di'r llenwadau i'r brechdanau, ond cofia, mae'n rhaid i bopeth fod yn iach.

Rhian: Iawn. Beth am ddefnyddio pasta neithiwr hefyd?

Dad: O ie, syniad da! Dwi wedi bod yn meddwl. Beth am fynd i Goed y Wiwer i fwyta'r picnic? Wedyn gallwn ni alw'n ôl yn y parc ar y ffordd adre.

Rhian: A falle cael hufen iâ yn siop Sali?

Dad *(yn chwerthin)*: Falle wir, cawn ni weld. Reit, mae brechdanau, pasta, afalau a mefus yn y bag. Ydyn ni angen rhywbeth arall?

Rhian: Dŵr. Bydd angen i ni yfed llawer o ddŵr.

Dad *(gan gau'r bag yn dynn ar ôl rhoi'r dŵr ynddo)*: Reit, fe garia i'r bag bwyd a charia di'r flanced i ni gael eistedd arni.

Sŵn cloch drws y ffrynt.

Dad: Atebwn ni hwnna ar y ffordd allan — dere.

Cerdda'r ddau at y drws. Mae Rhian yn ei agor.

Rhian: Tina! Dere i mewn o'r glaw.

Tina: Diolch.

Dad: Druan â thi, Tina! Rwyt ti'n wlyb diferol! Fe chwiliwn ni am dywel i ti gael sychu a gelli di fenthyg dillad gan Rhian. Wel, am siom!

Rheda Rhian i fyny'r grisiau i nôl dillad sych i Tina.

Tina: Dydw i ddim wedi cael siom, Mr Rees. Bydda i'n iawn.

Dad: Na, na — fi sydd wedi cael siom. Roedd Rhian a finne'n mynd i Goed y Wiwer i gael picnic, ond awn ni ddim yn y glaw 'ma.

Tina: Mae gen i syniad — beth am gael picnic yn y lolfa?

Dad: Am syniad penigamp. *(Mae'r ddau'n chwerthin.)*

Daw Rhian i lawr y grisiau.

Dad: Reit, barod am bicnic?

Rhian: Ond mae'n bwrw glaw.

Tina a Dad: Dydy hi ddim yn bwrw glaw yn y lolfa!

Chwilio a chwalu

Beth am drafod gyda ffrind i weld a ydych chi'n cytuno gyda'r atebion? Trafodwch ble'r ydych chi'n dod o hyd i'ch ateb, os yw yn y testun.

1 Pam ei bod hi'n bwysig i ni fwyta cynnyrch llaeth?

2 Sut mae Rhian yn teimlo ar ddechrau'r olygfa? Beth sy'n gwneud i chi feddwl hyn?

3 Beth yw enw perchennog y siop?

4 Pa eiriau sy'n dangos i ni na ddylen ni fwyta gormod o fraster a siwgr?

5 Beth yw cyfenw Rhian? Sut ydych chi'n gwybod hyn?

6 Sut mae Dad a Tina wedi camddeall ei gilydd? Esboniwch eich rhesymau gan ddefnyddio'r testun.

FFEITHI

Glendid a gofal personol

Gan fod y corff yn beiriant mor arbennig, mae'n rhaid i ni ofalu amdano.

Y croen

Y croen yw organ mwyaf y corff. Fel gyda phob organ, mae'n rhaid gofalu am y croen.

Mae'r diagram yn dangos gwahanol haenau'r croen.

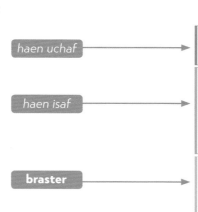

blewyn

haen uchaf

haen isaf

braster

gwreiddyn blewyn

Mae haen uchaf y croen yn gallu cael ei cholli yn rhwydd. Mae haen newydd yn dod yn ei lle pan fydd hynny'n digwydd.

Rhaid i ni **amddiffyn** y croen rhag **pelydrau** cryf yr haul. Mae'n gallu llosgi a chael niwed.

Rhowch eli haul ar eich croen.

Gwisgwch het.

Gwisgwch sbectol haul.

Cysgodwch pan mae'r haul ar ei boethaf.

Yfwch ddigon o ddŵr.

Cnoi cil

Mae'r croen yn gallu rheoli tymheredd y corff. Mae'n chwysu pan mae'n boeth, a phan mae'n oer mae'r **blewiach** yn codi er mwyn cadw'r aer cynhesach yn agos at y croen. Clyfar!

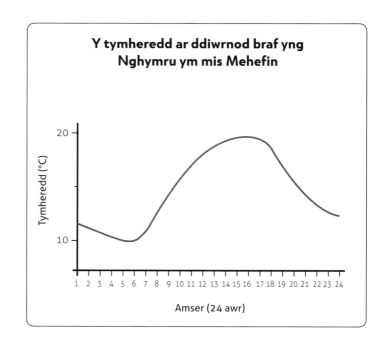

Y tymheredd ar ddiwrnod braf yng Nghymru ym mis Mehefin

Tymheredd (°C)

20

10

1 2 3 4 5 6 7 8 9 10 11 12 13 14 15 16 17 18 19 20 21 22 23 24

Amser (24 awr)

Record y byd yn deilchion!

Y Gymraes
Papur wythnosol i Gymru

£1.60

RECORD Y BYD YN DEILCHION!

Roedd pentref Llanwyre yn llawn cyffro dros y penwythnos wrth i gystadleuaeth torri record y byd gyrraedd Cymru. Daeth cystadleuwyr o bob cwr o'r byd i'r pentref bach er mwyn ceisio torri record y byd mewn sawl maes. Roedd **gohebydd** *Y Gymraes* yno i weld yr holl gyffro ac i adrodd hanes un ddynes arbennig.

Roedd Mrs Mair Morgan am geisio torri record y byd am dyfu yr ewinedd hiraf, ond yn anffodus ni fedrodd gystadlu oherwydd iddi gael damwain. Mewn cyfweliad arbennig, fe soniodd Mrs Morgan am ei phrofiad.

"Roeddwn i wedi bod yn tyfu fy ewinedd am bedair mlynedd cyn y gystadleuaeth ac roedden nhw'n hir ac yn weddol gryf, neu dyna roeddwn i'n ei feddwl beth bynnag. Ar fore'r gystadleuaeth fe es i â Mot y ci am dro fel arfer. Yn anffodus, wrth fynd drwy'r parc gwelodd Mot gwningen. Wel, fe aeth yn wyllt! Tynnodd ar y **tennyn** a chydag un plwc – dyna fe, fe dorrodd pob un o'm hewinedd."

Roedd Mrs Morgan yn amlwg yn siomedig ond dywedodd y byddai'n ymgeisio eto y flwyddyn nesaf – nid am yr ewinedd hiraf, ond am fwyta'r nifer fwyaf o ffa pob mewn munud.

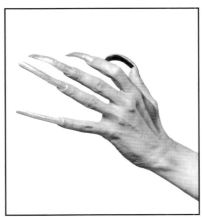

Ewinedd Mair Morgan ychydig fisoedd cyn y gystadleuaeth

Chwilio a chwalu

Beth am drafod gyda ffrind i weld a ydych chi'n cytuno gyda'r atebion? Trafodwch ble'r ydych chi'n dod o hyd i'ch ateb, os yw yn y testun.

1 Beth sy'n arbennig am haen uchaf y croen?

2 Enwch ddau beth y gallwch chi ei wneud i arbed niwed i'ch croen.

3 Beth oedd enw ci Mair Morgan?

4 Beth ddysgoch chi am gryfder yr haul wrth edrych ar y graff? Esboniwch eich rhesymau.

5 Pa fath o berson ydych chi'n meddwl yw Mair Morgan? Pa rannau o'r testun sy'n awgrymu hyn?

6 Eglurwch wrth ffrind sut mae'r croen yn gallu rheoli tymheredd y corff.

Glendid a gofal personol

Gan fod y corff yn beiriant mor arbennig, mae'n rhaid i ni ofalu amdano.

Gwallt

Mae angen i ni olchi ein gwallt yn **rheolaidd** – os yw'n hir neu'n fyr. Wrth olchi'r gwallt rydyn ni'n sicrhau nad yw'r blew yn glynu wrth ei gilydd, fel na all baw neu **germau** guddio yno. Mae'r gwallt yn amddiffyn croen ein pennau. Weithiau mae **ymwelwyr** yn hoffi nythu yn ein gwallt – llau pen.

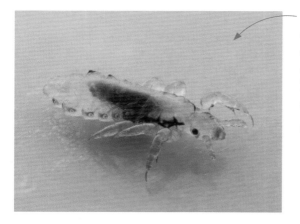

Lleuen fenywaidd yw hon. Mae ganddi chwe choes a **chrafangau** er mwyn medru dal ymlaen i'r gwallt a thynnu gwaed o'r pen bob tua 3-6 awr. Gall newid lliw yn dibynnu ar liw gwallt person, felly mae'n anodd ei gweld. Mae'n 3 mm o hyd. Nid yw llau yn medru hedfan, ond maen nhw'n gallu cerdded yn gyflym ar hyd y gwallt i wallt rhywun arall.

Gallwn osgoi dal llau pen drwy wneud y pethau hyn:
- edrych yn rheolaidd drwy'r gwallt;
- ymateb yn gyflym;
- trin yn effeithiol â chrib fân;
- peidio â rhannu crib, brwsh gwallt, het na band gwallt gyda neb.

Y croen

Mae'r diagram yn dangos gwahanol haenau'r croen.

- Mae'r haen uchaf yn gallu cael ei cholli yn rhwydd, ond mae haen newydd yn dod yn ei lle.
- Mae'r haen isaf yn feddal ac yn gartref i **wreiddiau y blew**.

Mae'r croen yn gallu cael gwared â dŵr hallt drwy chwysu wrth i'r corff gynhesu – er enghraifft, mewn tywydd poeth neu wrth ymarfer corff.

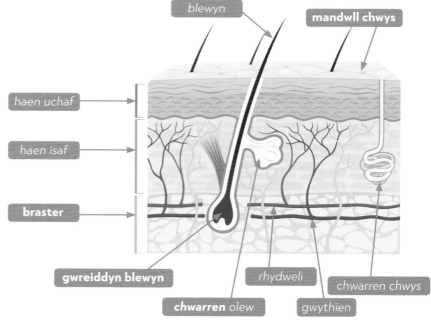

blewyn
mandwll chwys
haen uchaf
haen isaf
braster
gwreiddyn blewyn
chwarren olew
rhydweli
gwythïen
chwarren chwys

Mae germau o bob math yn gallu byw ar eich croen. Golchwch eich dwylo gyda dŵr a sebon ar ôl bod yn y tŷ bach. Ond am faint o amser? Canwch 'Pen-blwydd hapus i ti...' ar ei hyd ddwywaith a byddwch yn iawn!

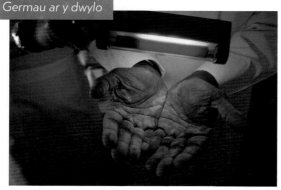

Germau ar y dwylo

Cnoi cil

Mae ewinedd y dwylo yn tyfu tua 3.5 mm y mis, ond dydy ewinedd y traed ddim yn tyfu mor gyflym (tua 1.6 mm y mis).

Fi – y peiriant gorau un!

Lleuen (Ymson)

Wel, am gartref da! Dwi mor falch fy mod wedi dianc o wallt y ferch ddiwethaf 'na. Peth da yw ysgol. Mae'n rhoi cyfle i fi grwydro o un pen i'r llall yn ddigon diffwdan. Diolch byth am waith grŵp. Mae gwallt hir, trwchus hon yn apelio ata i achos galla i guddio'n rhwydd a glynu wrth ei gwallt. Mae'n lle delfrydol i ddodwy wyau. Mae'r cuddliw yn gweithio'n dda – gan fy mod yr un lliw â'i gwallt hi.

Y prif reswm pam ro'n i am symud o wallt y ferch arall oedd mam y ferch. Neithiwr aeth hi ati i archwilio gwallt ei merch. Gwnes i fy ngorau glas i guddio, gan symud fel mellten o'i chorun i du ôl ei chlust, ac yna'n slei bach tuag at ei gwddf. Bu bron i mi ddioddef yr un diwedd â Lleuwen, fy ffrind. Hen ddiwedd creulon yw cael eich dal rhwng dannedd miniog crib fân.

Clywais i'r fam yn dweud wrth ei merch fod ganddi 'ymwelwyr' ac y byddai'n rhaid iddi fynd at y fferyllydd i nôl rhywbeth i'w gwaredu! Mae'r gair 'fferyllydd' yn codi cyfog arna i achos dwi'n gwybod bod hynny'n golygu cemegion. Maen nhw'n chwistrellu'r gwallt nes ei fod yn diferu. Mae'r arogl mor gryf nes ein bod yn tagu, neu'n waeth, nes ein bod yn methu â symud. Yna mae'r grib yn dod!

Ond does dim angen i fi boeni am hynny am sbel – bydd fan hyn yn gartref diogel am dipyn o amser gobeithio. Nawr te, dwi'n credu ei bod hi'n amser swper. Gwell mynd i chwilio am y lle gorau i gael llond bol o waed cynnes. Mmm!

Chwilio a chwalu

Beth am drafod gyda ffrind i weld a ydych chi'n cytuno gyda'r atebion? Trafodwch ble'r ydych chi'n dod o hyd i'ch ateb, os yw yn y testun.

1 Beth yw prif swyddogaeth gwallt eich pen?

2 Enwch ddau le mae germau yn gallu byw ar eich corff.

3 Pam mae'r lleuen yn hoffi ei chartref newydd?

4 Pam ydych chi'n meddwl bod y lleuen yn hoffi gwaith grŵp yn yr ysgol? Cofiwch roi rhesymau.

5 Pa air sy'n dangos nad ydy'r fam yn hoffi sôn am lau pen?

6 Pam ydych chi'n meddwl bod y lleuen yn teimlo'n ddiogel 'am dipyn o amser gobeithio'? Defnyddiwch y testun i roi rhesymau.

Fi – y peiriant gorau un!

Dannedd

Un ffordd o ofalu am eich dannedd yw ymweld â'r deintydd yn rheolaidd. Mae'r deintydd yn dweud:

> Rhaid i chi lanhau eich dannedd am ddwy funud, o leiaf, a hynny ddwywaith y dydd.

Y dant

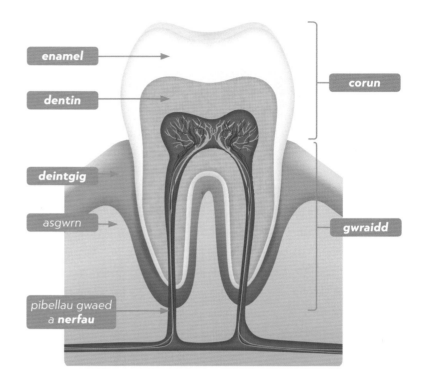

enamel

dentin

deintgig

asgwrn

pibellau gwaed a **nerfau**

corun

gwraidd

Byddwch yn treulio bron i hanner awr yn glanhau eich dannedd mewn wythnos. Edrychwch!

Mewn diwrnod	Mewn wythnos
dwy funud + dwy funud = pedair munud	pedair munud x saith diwrnod = 28 munud

Mae pobl yn cael dwy set o ddannedd yn ystod eu bywydau.

- Bydd y dannedd cyntaf yn ymddangos pan fydd baban yn tua 6 mis oed. Mae'r dannedd hyn yn dechrau dod yn rhydd pan fydd plentyn yn tua 6 mlwydd oed.

- Bydd y dannedd nesaf sy'n dod yn eu lle yn rhai **parhaol**. Erbyn i chi droi'n oedolyn bydd gennych chi tua 32 o ddannedd.

Os byddwch yn bwyta llawer o siwgr gall eich dannedd **bydru**. Bydd yn rhaid i'r deintydd lenwi'r tyllau, neu'n waeth byth, gallwch golli dannedd.

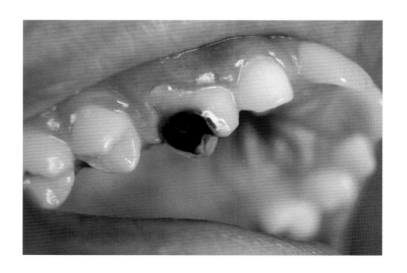

Cnoi cil

Enamel y dannedd yw rhan galetaf y corff. Mae enamel yn galetach nag esgyrn.

Fi – y peiriant gorau un!

Deintydd (Ymson)

O na, dwi newydd edrych yn y llyfr **apwyntiadau** ac mae'r teulu Roberts ar eu ffordd. Dwi'n gallu teimlo fy stumog yn troi yn barod. Pam, meddech chi? Wel, mi dd'weda i pam. Nhw yw'r teulu gwaethaf sydd yn dod i'm gweld. Dydy'r rhieni ddim yn gwrando ar fy nghyngor, a'r plant… dydyn nhw'n fawr gwell nag anifeiliaid.

Mae'r rhieni yn mynnu bod eu plant yn glanhau eu dannedd ddwywaith y dydd, bob dydd. Byth yn colli, medden nhw. Ydyn nhw'n meddwl fy mod i'n dwp neu beth? Dwi'n gallu dweud wrth archwilio eu cegau fod hyn i gyd yn gelwydd.

Reit, dyma ni, te. Dyma nhw'n dod – llond yr ystafell o sŵn. Beth? Alla i ddim credu hyn! Mae Jac, y plentyn hynaf, yn bwyta siocled ac mae potel o bop oren yn ei law. O, Mam fach – does dim gobaith!

Fel arfer dydy'r un bach ddim yn agor ei geg. Dwi'n cofio unwaith iddo sgrechian mor uchel, ches i ddim mynd yn agos at ei ddannedd. Nawr te, tybed alla i ei berswadio fe… dyna fe… bachgen da… Aw!

Cnoi cil

Mae eich dannedd mor unigryw ag olion eich bysedd – does gan neb arall ddannedd fel chi, felly dylech fod yn falch ohonyn nhw!

Chwilio a chwalu

Beth am drafod gyda ffrind i weld a ydych chi'n cytuno gyda'r atebion? Trafodwch ble'r ydych chi'n dod o hyd i'ch ateb, os yw yn y testun.

1 Tua faint o ddannedd fydd gennych chi pan fyddwch chi'n oedolyn?

2 Pa ran o'r corff yw'r caletaf?

3 Beth yw enw llawn plentyn hynaf y teulu?

4 Pam ydych chi'n meddwl fod y deintydd wedi defnyddio'r ymadrodd 'medden nhw'?

5 Ydych chi'n meddwl bod y deintydd yn hoffi ei swydd? Pam?

6 Beth ydych chi'n meddwl sydd wedi digwydd ar y diwedd? Cyfeiriwch at y testun i gefnogi'ch barn.

Dannedd

Y dant

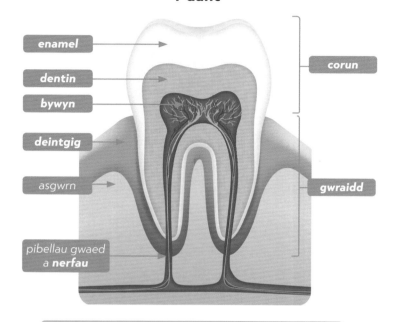

enamel

dentin

bywyn

deintgig

asgwrn

pibellau gwaed a **nerfau**

corun

gwraidd

Mae'n bwysig ein bod yn glanhau ein dannedd am ddwy funud, o leiaf, a hynny ddwywaith y dydd.

Byddwch yn treulio dros 24 awr yn glanhau eich dannedd mewn blwyddyn.

Mewn diwrnod	4 munud
Mewn wythnos	28 munud
Mewn blwyddyn	1,456 munud (24 awr a 26 munud)

Babanod

Fel arfer mae gan fabanod ddannedd yn cuddio yn y deintgig pan fyddan nhw'n cael eu geni. Maen nhw'n dechrau dod i'r golwg pan fyddan nhw'n tua 6 mis oed. Mae hyn yn gallu bod yn boenus iawn ac yn achosi i fabanod grio a chael bochau cochion a thymheredd uchel weithiau.

Plant 6 oed

Rydyn ni'n galw'r 20 dant cyntaf yn ddannedd cyntaf. Pan fydd plant yn tua 6 oed mae'r dannedd **parhaol** yn dechrau gwthio'r dannedd cyntaf allan o'r geg.

Oedolion

Mae gan oedolyn tua 32 dant. Mae'r dannedd blaen yn brathu bwyd, y **dannedd llygad** yn rhwygo bwyd a'r **cilddannedd** yn cnoi a malu bwyd.

GOFALU AM Y DANNEDD

Ewch i weld eich deintydd yn rheolaidd.

Glanhewch eich dannedd o leiaf ddwywaith y dydd.

Defnyddiwch **edau ddeintiol** i lanhau rhwng y dannedd a'r deintgig.

Bwytewch fwydydd sy'n isel mewn siwgr ac asid ond sy'n uchel mewn calsiwm a fitamin C.

Dirgelwch y dannedd!

Papur Bro

Y Tylwyth
Tachwedd   £1.20

Dirgelwch y dannedd!

Gall papur bro *Y Tylwyth* rannu newyddion syfrdanol gyda chi heddiw. Echdoe cyhoeddodd Tanwen Tomos, penteulu'r tylwyth teg, fod problem enfawr yn eu hwynebu.

"Mae arna i ofn y bydd llawer o'r tylwyth teg yn colli'u gwaith os na fydd y sefyllfa yn newid. Mae hyn yn siomedig iawn gan nad oes llawer o swyddi ar gael ar ein cyfer ni, yn enwedig i'r rhai sy'n arbenigo ym maes dannedd," meddai Miss Tomos mewn cyfweliad gyda'n gohebydd.

Eglurodd fod nifer y plant sy'n credu yn y tylwyth teg wedi gostwng yn ddiweddar, ac o ganlyniad ychydig iawn oedd yn rhoi dant o dan eu gobennydd bellach. Dywedodd fod hyn yn achosi siwrnai ddiangen i'r tylwyth yn aml, yn ogystal ag ychwanegu at y prinder dannedd sydd ar gael. Yn aml mae ffenestri'r ystafelloedd gwely ar gau, yn enwedig yr adeg hon o'r flwyddyn, felly mae'n anodd i'r tylwyth teg fynd i mewn.

"Rydyn ni'n defnyddio'r dannedd ar ôl talu amdanyn nhw, wrth gwrs. Mae'r enamel yn ddeunydd caled iawn a byddwn yn ei ddefnyddio i greu celfi, fel byrddau a chadeiriau. Os yw dant wedi mynd yn ddrwg neu â thwll anferth yn ei ganol, rydyn ni'n ei lanhau ac yn ei ddefnyddio fel carafán i fynd ar wyliau. Yn aml, bydd gwreiddyn yn sownd i'r dannedd, a phan ddaw tymor y gwanwyn mewn ychydig fisoedd, byddwn yn eu plannu yn yr ardd. Ymhen dim o dro bydd dannedd newydd yn tyfu er mwyn i'n deintydd allu creu dannedd gosod i'r hen dylwyth teg," ychwanegodd Miss Tomos.

Fel y gwelwch felly, mae prinder dannedd o dan obenyddion plant yn effeithio'n ddifrifol ar y tylwyth teg. Hoffai papur bro *Y Tylwyth* ddechrau ymgyrch newydd i sicrhau bod plant yr ardal yn dal i gefnogi'r tylwyth teg a'u gwaith pwysig yn y gymuned.

Chwilio a chwalu

Beth am drafod gyda ffrind i weld a ydych chi'n cytuno gyda'r atebion? Trafodwch ble'r ydych chi'n dod o hyd i'ch ateb, os yw yn y testun.

1 A oes ffordd arall i gofnodi yr amser rydyn ni'n ei dreulio'n glanhau ein dannedd?

2 Beth yw swyddogaeth y gwahanol ddannedd? Esboniwch wrth eich ffrind gan ddefnyddio'r enwau cywir.

3 Pwy yw pennaeth y tylwyth teg yn ôl yr erthygl? Ydy ei henw'n un da? Pam?

4 Rhestrwch y berfau sydd yn y poster sy'n dangos ein bod yn gorfod gwneud rhywbeth.

5 Allwch chi feddwl am bethau eraill i'w gwneud â hen ddannedd?

6 Beth sy'n dangos i ni pa adeg o'r flwyddyn yw hi? Defnyddiwch y testun i gyd i ddod o hyd i gliwiau.

Fi – y peiriant gorau un!

Dwi'n rhan o'r byd mawr

Mae **Comisiynydd** Plant Cymru yno i **sicrhau** bod holl blant a phobl ifanc Cymru yn dod i wybod am eu hawliau. Mae'r hawliau hyn yn bethau sydd eu hangen arnoch chi i fod yn ddiogel, yn iach ac yn hapus.

I sicrhau eich bod i gyd yn cael eich hawliau mae gan y Comisiynydd bum pŵer arbennig, sef:

- Gwrando ar yr hyn sydd gennych i'w ddweud.
- Siarad am bethau sy'n bwysig i chi.
- Dweud wrthych am eich hawliau.
- Helpu i sicrhau eich bod yn cael eich hawliau.
- Siarad â chi os oes gennych broblem.

Mae hyn yn gryn dipyn o waith ac mae angen tîm o Lysgenhadon Gwych ar y Comisiynydd o bob ysgol gynradd yng Nghymru i helpu. Mae dau Lysgennad Gwych o bob ysgol yn cydweithio i helpu'r Comisiynydd.

Am wybod eich hawliau? Dyma rai o'r rhestr!

Erthygl 1:
Mae gan bob un dan 18 oed yr hawliau yma.

Erthygl 2:
Mae'r confensiwn yn gymwys i bob un waeth beth!

Erthygl 3:
Dylai pob sefydliad sy'n ymwneud â phlant bob amser wneud yr hyn sydd orau i bob plentyn.

Erthygl 4:
Dylai'r Llywodraeth ofalu bod yr hawliau hyn ar gael i bob plentyn.

Erthygl 5:
Dylai llywodraethau helpu rhieni i'ch helpu chi i wybod am eich hawliau a'u defnyddio wrth i chi dyfu.

Erthygl 6:
Mae gennych yr hawl i fywyd ac i dyfu i fod yn iach.

Erthygl 7:
Eich hawl i enw a chenedligrwydd.

Erthygl 8:
Dylai'r llywodraeth barchu eich hawl i enw, cenedligrwydd a theulu.

Erthygl 9:
Eich hawl i fod gyda'ch rhieni os mae dyna sydd orau i chi.

Erthygl 10:
Eich hawl i weld eich teulu os ydynt yn byw mewn gwlad arall.

Erthygl 11:
I beidio â chael eich cymryd o'r wlad yn anghyfreithlon.

Erthygl 12:
Eich hawl i ddweud beth ddylai ddigwydd ac i rywun wrando arnoch.

Erthygl 13:
Eich hawl i gael gwybodaeth.

Erthygl 14:
Eich hawl i ddilyn eich crefydd eich hun.

Erthygl 15:
Eich hawl i gyfarfod â ffrindiau ac ymuno â grwpiau a chlybiau.

Erthygl 16:
Eich hawl i breifatrwydd.

Erthygl 17:
Eich hawl i wybodaeth onest yr ydych yn ei ddeall gan bapurau newydd a'r teledu.

Erthygl 18:
Mae'r ddau riant yn rhannu'r cyfrifoldeb dros fagu eu plant, a dylent bob amser feddwl am yr hyn sydd orau ar gyfer pob plentyn.

Erthygl 19:
Ni ddylech gael eich niweidio a dylech gael gofal a'ch cadw'n ddiogel.

Erthygl 20:
Eich hawl i dderbyn gofal os nad ydych yn gallu byw â'ch teulu eich hun.

Erthygl 21:
Eich hawl i fyw yn y lle sydd orau i chi os nad ydych yn gallu byw gyda'ch rhieni.

Erthygl 22:
Mae gan blant sy'n ffoaduriaid yr un hawliau â phlant a aned yng Nghymru.

Erthygl 23:
Eich hawl i ofal arbennig a chymorth os ydych yn anabl er mwyn i chi fyw bywyd llawn ac annibynnol.

Erthygl 24:
Eich hawl i fwyd a dŵr da ac i weld y meddyg os ydych yn sâl.

Erthygl 25:
Dylid mynd i weld plant nad ydynt yn byw gyda'u teuluoedd yn gyson er mwyn sicrhau eu bod yn iawn.

Erthygl 26:
Yr hawl i arian ychwanegol os nad oes gan eich teulu ddigon o arian i fyw.

Erthygl 27:
Eich hawl i safon dda o fywyd.

Erthygl 28:
Eich hawl i ddysgu a mynd i'r ysgol.

Erthygl 29:
Eich hawl i fod y gorau y gallwch fod.

Erthygl 30:
Eich hawl i ddefnyddio eich iaith eich hun.

Erthygl 31:
Eich hawl i ymlacio a chwarae.

Erthygl 32:
Dylech gael eich diogelu rhag gwaith sy'n beryglus.

Erthygl 33:
Dylech gael eich diogelu rhag cyffuriau peryglus.

Erthygl 34:
Dylai'r llywodraeth ddiogelu plant rhag cam-drin rhywiol.

Erthygl 35:
Mae gennych yr hawl i beidio cael eich gwerthu.

Erthygl 36:
Dylech gael eich diogelu rhag gwneud pethau a allai beri niwed i chi.

Erthygl 37:
Eich hawl i gael eich trin yn deg.

Erthygl 38:
Dylai plant gael eu diogelu yn ystod rhyfel ac ni ddylid eu caniatáu i ymladd yn y fyddin os o dan 15.

Erthygl 39:
Dylai plant gael cymorth arbennig os ydynt wedi cael eu camdrin.

Erthygl 40:
Mae gennych hawl i gymorth cyfreithiol os ydych wedi cael eich cyhuddo o dorri'r gyfraith.

Erthygl 41:
Os yw cyfreithiau eich gwlad yn eich gwarchod yn well na'r hawliau ar y rhestr hon, dylai'r cyfreithiau hynny aros.

Erthygl 42:
Rhaid i'r llywodraeth roi gwybod i blant a theuluoedd am hawliau plant.

I ddarganfod mwy am y Llysgenhadon Gwych ewch i:
www.llysgenhadongwych.org.uk

I gael mwy o wybodaeth am waith Comisiynydd Plant Cymru ewch i:
www.complantcymru.org.uk

Os oes angen i chi gysylltu â swyddfa'r **Comisiynydd Plant Cymru** ffoniwch 0808 801 1000 am ddim neu tecstiwch 80800 gan ddechrau eich neges â COM.

Fi – y peiriant gorau un!

Eisiau ac angen

Dwi eisiau beic coch, newydd
A sgidiau *Nike* – rhai gwyn.
Dwi eisiau gêm i'r *Xbox*
A throwsus denim, tynn.

Dwi eisiau mynd ar wyliau
A gorwedd yn yr haul,
Dwi eisiau bwyd *McDonald's* –
Does dim bwyd gwell i'w gael.

Dwi eisiau rhywbeth arall,
Mae'r rhestr yn un hir.
Dwi eisiau, eisiau, eisiau,
Ond ydw i angen, wir?

Menna Beaufort Jones

Chwilio a chwalu

Beth am drafod gyda ffrind i weld a ydych chi'n cytuno gyda'r atebion? Trafodwch ble'r ydych chi'n dod o hyd i'ch ateb, os yw yn y testun.

1 Beth yw rhif ffôn Comisiynydd Plant Cymru?

2 Pa fwyd sy'n dda yn ôl y gerdd?

3 Ydy'r poster yn un da? Rhowch resymau dros eich barn.

4 Pam mae'r bardd yn ailadrodd y gair 'eisiau' yn y trydydd pennill?

5 Ydych chi'n credu bod angen hawliau ar blant a phobl ifanc? Cyfeiriwch at y testun i gefnogi'ch barn.

6 Beth ydych chi'n meddwl yw'r gwahaniaeth rhwng bod 'eisiau' rhywbeth ac 'angen' rhywbeth? Trafodwch a rhowch enghreifftiau.

Fi – y peiriant gorau un!

Dwi'n rhan o'r byd mawr

Mae **Comisiynydd** Plant Cymru yno i **sicrhau** bod holl blant a phobl ifanc Cymru yn dod i wybod am eu hawliau. Mae'r hawliau hyn yn bethau sydd eu hangen arnoch chi i fod yn ddiogel, yn iach ac yn hapus. Mae **Confensiwn** y **Cenhedloedd Unedig** ar Hawliau Plant, neu CCUHP yn fyr, yn diogelu plant ymhob cwr o'r byd.

I sicrhau eich bod i gyd yn cael eich hawliau mae gan y Comisiynydd bum pŵer arbennig, sef:

- Gwrando ar yr hyn sydd gennych i'w ddweud.
- Siarad am bethau sy'n bwysig i chi.
- Dweud wrthych am eich hawliau.
- Helpu i sicrhau eich bod yn cael eich hawliau.
- Siarad â chi os oes gennych broblem.

Mae hyn yn gryn dipyn o waith ac mae angen tîm o Lysgenhadon Gwych ar y Comisiynydd o bob ysgol gynradd yng Nghymru i helpu. Mae dau Lysgennad Gwych o bob ysgol yn cydweithio i helpu'r Comisiynydd.

Am wybod eich hawliau? Dyma rai o'r rhestr!

Erthygl 1:
Mae gan bob un dan 18 oed yr hawliau yma.

Erthygl 2:
Mae'r confensiwn yn gymwys i bob un waeth beth!

Erthygl 3:
Dylai pob sefydliad sy'n ymwneud â phlant bob amser wneud yr hyn sydd orau i bob plentyn.

Erthygl 4:
Dylai'r Llywodraeth ofalu bod yr hawliau hyn ar gael i bob plentyn.

Erthygl 5:
Dylai llywodraethau helpu rhieni i'ch helpu chi i wybod am eich hawliau a'u defnyddio wrth i chi dyfu.

Erthygl 6:
Mae gennych yr hawl i fywyd ac i dyfu i fod yn iach.

Erthygl 7:
Eich hawl i enw a chenedligrwydd.

Erthygl 8:
Dylai'r llywodraeth barchu eich hawl i enw, cenedligrwydd a theulu.

Erthygl 9:
Eich hawl i fod gyda'ch rhieni os mae dyna sydd orau i chi.

Erthygl 10:
Eich hawl i weld eich teulu os ydynt yn byw mewn gwlad arall.

Erthygl 11:
I beidio â chael eich cymryd o'r wlad yn anghyfreithlon.

Erthygl 12:
Eich hawl i ddweud beth ddylai ddigwydd ac i rywun wrando arnoch.

Erthygl 13:
Eich hawl i gael gwybodaeth.

Erthygl 14:
Eich hawl i ddilyn eich crefydd eich hun.

Erthygl 15:
Eich hawl i gyfarfod â ffrindiau ac ymuno â grwpiau a chlybiau.

Erthygl 16:
Eich hawl i breifatrwydd.

Erthygl 17:
Eich hawl i wybodaeth onest yr ydych yn ei ddeall gan bapurau newydd a'r teledu.

Erthygl 18:
Mae'r ddau riant yn rhannu'r cyfrifoldeb dros fagu eu plant, a dylent bob amser feddwl am yr hyn sydd orau ar gyfer pob plentyn.

Erthygl 19:
Ni ddylech gael eich niweidio a dylech gael gofal a'ch cadw'n ddiogel.

Erthygl 20:
Eich hawl i dderbyn gofal os nad ydych yn gallu byw â'ch teulu eich hun.

Erthygl 21:
Eich hawl i fyw yn y lle sydd orau i chi os nad ydych yn gallu byw gyda'ch rhieni.

Erthygl 22:
Mae gan blant sy'n ffoaduriaid yr un hawliau â phlant a aned yng Nghymru.

Erthygl 23:
Eich hawl i ofal arbennig a chymorth os ydych yn anabl er mwyn i chi fyw bywyd llawn ac annibynnol.

Erthygl 24:
Eich hawl i fwyd a dŵr da ac i weld y meddyg os ydych yn sâl.

Erthygl 25:
Dylid mynd i weld plant nad ydynt yn byw gyda'u teuluoedd yn gyson er mwyn sicrhau eu bod yn iawn.

Erthygl 26:
Yr hawl i arian ychwanegol os nad oes gan eich teulu ddigon o arian i fyw.

Erthygl 27:
Eich hawl i safon dda o fywyd.

Erthygl 28:
Eich hawl i ddysgu a mynd i'r ysgol.

Erthygl 29:
Eich hawl i fod y gorau y gallwch fod.

Erthygl 30:
Eich hawl i ddefnyddio eich iaith eich hun.

Erthygl 31:
Eich hawl i ymlacio a chwarae.

Erthygl 32:
Dylech gael eich diogelu rhag gwaith sy'n beryglus.

Erthygl 33:
Dylech gael eich diogelu rhag cyffuriau peryglus.

Erthygl 34:
Dylai'r llywodraeth ddiogelu plant rhag cam-drin rhywiol.

Erthygl 35:
Mae gennych yr hawl i beidio cael eich gwerthu.

Erthygl 36:
Dylech gael eich diogelu rhag gwneud pethau a allai beri niwed i chi.

Erthygl 37:
Eich hawl i gael eich trin yn deg.

Erthygl 38:
Dylai plant gael eu diogelu yn ystod rhyfel ac ni ddylid eu caniatáu i ymladd yn y fyddin os o dan 15.

Erthygl 39:
Dylai plant gael cymorth arbennig os ydynt wedi cael eu camdrin.

Erthygl 40:
Mae gennych hawl i gymorth cyfreithiol os ydych wedi cael eich cyhuddo o dorri'r gyfraith.

Erthygl 41:
Os yw cyfreithiau eich gwlad yn eich gwarchod yn well na'r hawliau ar y rhestr hon, dylai'r cyfreithiau hynny aros.

Erthygl 42:
Rhaid i'r llywodraeth roi gwybod i blant a theuluoedd am hawliau plant.

I ddarganfod mwy am y Llysgenhadon Gwych ewch i:
www.llysgenhadongwych.org.uk

I gael mwy o wybodaeth am waith Comisiynydd Plant Cymru ewch i:
www.complantcymru.org.uk

Os oes angen i chi gysylltu â swyddfa'r **Comisiynydd Plant Cymru** ffoniwch 0808 801 1000 am ddim neu tecstiwch 80800 gan ddechrau eich neges â COM.

Eisiau ac angen

Dwi eisiau beic coch, newydd
A sgidiau *Nike* – rhai gwyn,
Dwi eisiau gêm i'r *Xbox*
A throwsus denim, tynn.

Dwi eisiau mynd ar wyliau
A gorwedd yn yr haul,
Dwi eisiau bwyd *McDonald's* –
Does dim bwyd gwell i'w gael.

Dwi eisiau rhywbeth arall,
Mae'r rhestr yn un hir.
Dwi eisiau, eisiau, eisiau,
Ond ydw i angen, wir?

Dwi angen bwyd a diod
A chartref cynnes clyd,
Dwi angen mynd i'r ysgol
I ddysgu am fy myd.

Dwi angen cadw'n heini
A chadw'r corff yn iach,
Dwi angen i chi wrando
Ar broblem fawr neu fach.

Dwi angen i chi barchu
Fy nghrefydd i a'm hiaith,
Dwi angen, nid 'dwi eisiau',
Y rhain ar hyd fy nhaith.

Menna Beaufort Jones

Cnoi cil

Sefydlwyd y Cenhedloedd Unedig yn 1945 yn sgil yr Ail Ryfel Byd, gyda'r bwriad o weld pob gwlad yn gweithio gyda'i gilydd yn hytrach na rhyfela.

Chwilio a chwalu

Beth am drafod gyda ffrind i weld a ydych chi'n cytuno gyda'r atebion? Trafodwch ble'r ydych chi'n dod o hyd i'ch ateb, os yw yn y testun.

1 Beth yw ystyr y llythrennau CCUHP?

2 Pwy sy'n helpu Comisiynydd Plant Cymru i wneud ei waith?

3 Mae dwy ran i'r gerdd. Pa eiriau sy'n cael eu hailadrodd yn yr hanner cyntaf a pha rai sy'n cael eu hailadrodd yn yr ail hanner?

4 Crëwch restr o bethau mae ar y bardd eu heisiau, a rhestr arall o'r pethau mae ar y bardd eu hangen.

5 Ydych chi'n meddwl bod angen y rhestr er mwyn amddiffyn hawliau plant? Trafodwch pa rai sydd bwysicaf i chi.

6 Ydych chi'n meddwl bod y poster yn effeithiol? Cofiwch roi rhesymau i gefnogi'ch barn.

Geirfa

Cofiwch – efallai y bydd gair yn dechrau gyda llythyren neu lythrennau gwahanol yn yr eirfa os yw wedi'i dreiglo yn y testun. Cofiwch hefyd mai'r gair unigol sy'n dod gyntaf yn yr eirfa os yw'n lluosog yn y testun; mae'r gair lluosog mewn cromfachau.

Allwedd

eg	enw gwrywaidd
eb	enw benywaidd
egb	enw gwrywaidd a benywaidd
ans	ansoddair
be	berfenw
ll	lluosog
S.	Saesneg

Y galon

adferiad *eg* y cyfnod neu'r gwaith o adfer neu fynd yn ôl i'r cyflwr blaenorol; S. *recovery*

bron *eb* rhan flaen y corff rhwng y gwddf a'r bol; S. *breast*

curiad y galon y galon yn gweithio neu'n curo; S. *heartbeat*

cyfradd *eb* gwerth wedi ei fesur yn erbyn swm arall; S. *rate*

cyhyr *eg* (cyhyrau) rhan o'r cnawd sy'n tynhau er mwyn achosi i rannau o'r corff symud; S. *muscle*

cylchredeg *be* llifo ar hyd llwybrau neu bibellau caeëdig; S. *to circulate*

gwythïen *eb* (gwythiennau) pibell sy'n cludo gwaed yn ôl i'r galon; S. *vein*

organ *eg* (organau) rhan o'r corff sy'n gwneud gwaith arbennig a phwysig, e.e. y galon, yr ysgyfaint; S. *organ*

rhydweli *eb* (rhydwelïau) pibell fawr sy'n cludo gwaed o'r galon i weddill y corff; S. *artery*

Yr ysgyfaint

alfeolws *eg* (alfeoli) un o'r sachau bach llawn aer yn yr ysgyfaint; S. *alveolus*

amddiffyn *be* cadw rhywbeth rhag cael ei frifo, ei niweidio neu ei ddifetha; S. *to protect, to defend*

anhwylder *eg* (anhwylderau) rhywbeth sy'n tarfu ar sut mae'r corff yn gweithio fel arfer, clefyd; S. *disorder*

cawell yr asennau *eg* nifer o esgyrn yng nghanol y sgerbwd sy'n amddiffyn organau pwysig; S. *rib cage*

eisbilen *eb* (eisbilennau) dwy haenen sy'n gorchuddio'r ysgyfaint; S. *pleura*

llengig *eg* y cyhyr sy'n gwahanu'r ysgyfaint oddi wrth y stumog; S. *diaphragm*

pibell *eb* (pibellau) tiwb crwn, gwag y gall hylif lifo drwyddo; S. *vessel, pipe*

pibell aer *eb* y bibell sy'n cludo aer o'r gwddf i'r ysgyfaint; S. *windpipe (trachea)*

ysgyfant *eg* (ysgyfaint) un o bâr o organau sy'n tynnu ocsigen o'r aer a'i gludo i weddill y corff drwy'r gwaed; S. *lung*

Y sgerbwd

amddiffyn *be* cadw rhywbeth rhag cael ei frifo, ei niweidio neu ei ddifetha; S. *to protect, to defend*

cryfhau *be* dod yn fwy cryf; S. *to strengthen*

pelydr x ffotograff o du mewn y corff; S. *X-ray*

troellwr *eg* reid yn y ffair sy'n troi'n gyflym; S. *spinner*

uno *be* dod at ei gilydd i wneud un; S. *to join, to unite, to fuse*

Yr ymennydd

coesyn yr ymennydd *eg* y rhan ar waelod yr ymennydd sy'n ymuno â madruddyn y cefn; S. *brain stem*

cydsymudiad *eg* gallu rheoli symudiadau'r corff, rhannau yn symud yn dda gyda'i gilydd; S. *coordination*

cyffyrddiad *eg* yr hyn sy'n digwydd wrth gyffwrdd rhywbeth; S. *touch*

gwahaniaethu *be* dosbarthu dau beth gwahanol yn y meddwl; S. *to differentiate*

llabed barwydol *eb* darn o'r ymennydd sy'n rheoli cyffyrddiad ac iaith, ac sy'n gwahaniaethu rhwng chwith a dde; S. *parietal lobe*

llabed flaen *eb* darn o'r ymennydd sy'n rheoli personoliaeth, emosiwn, symudiad a lleferydd; S. *frontal lobe*

llabed yr arlais *eb* darn o'r ymennydd sy'n rheoli clyw a chof; S. *temporal lobe*

llabed yr ocsipwt *eb* darn o'r ymennydd sy'n rheoli golwg; S. *occipital lobe*

lleferydd *eg* y weithred a'r dull o siarad; S. *speech*

madruddyn y cefn *eg* y llinyn o nerfau yn yr asgwrn cefn; S. *spinal cord*

niwron *eg* (niwronau) cell arbennig sy'n trosglwyddo gwybodaeth nerfol; S. *neurone*

penglog *eg* yr esgyrn sy'n amddiffyn yr ymennydd; S. *skull*

pibell waed *eb* (pibellau gwaed) tiwb yn y corff sy'n cludo gwaed; S. *blood vessel*

Y synhwyrau

arogl *eg* (arogleuon) yr hyn mae'r trwyn yn ei arogli; S. *smell*

arwyddo *be* dangos neu ddynodi rhywbeth; S. *to signal, to sign*

blewiach *ll* mân flew; S. *small hairs*

cannwyll y llygad y cylch du yng nghanol y llygad; S. *pupil*

cell *eb* (celloedd) uned fyw yn y corff sy'n cynnwys cnewyllyn a cytoplasm; S. *cell*

cenfigennus *ans* yn llawn cenfigen o eiddo rhywun arall; S. *jealous, envious*

chwerw *ans* â blas siarp, fel coffi heb siwgr, gwrthwyneb melys; S. *bitter*

dirgrynu *be* crynu neu ysgwyd yn ysgafn ac yn gyson; S. *to vibrate*

gwahaniaethu *be* dosbarthu dau beth gwahanol yn y meddwl; S. *to differentiate*

gwrthrych *eg* unrhyw beth sy'n bosib ei weld neu ei gyffwrdd; S. *object*

hallt *ans* â blas halen; S. *salty*

lens *eg* darn oddi mewn i'r llygad sy'n prosesu golau; S. *lens*

lliwddall *ans* yn methu gwahaniaethu rhwng lliwiau; S. *colour blind*

nerf optig *eg* y cyswllt rhwng y llygad a'r ymennydd; S. *optic nerve*

pelydryn *eg* (pelydrau) llinell syth sy'n dod o olau; S. *ray*

pen-i-waered *ans* a'i ben am i lawr; S. *upside down*

pentwr *eg* (pentyrrau) llawer o bethau wedi'u gosod yn dwmpath; S. *heap, pile*

pilen y glust *eb* rhan fewnol y glust sy'n trosglwyddo sain; S. *eardrum*

pydru *be* mynd yn ddrwg, yr hyn sy'n digwydd i rywbeth ar ôl iddo farw; S. *to rot*

retina *eg* y nerfau yng nghefn y llygad sy'n ymateb i olau; S. *retina*

sur *ans* â blas fel lemon, siarp; S. *sour*

suro *be* troi'n sur neu fynd yn ddrwg; S. *to turn sour*

Bwyta'n iach

amrywiaeth *eb* nifer o bethau gwahanol; S. *variety*

carbohydrad *eg* (carbohydradau) sylwedd sy'n rhoi egni i'r corff, mae carbohydrad mewn rhai bwydydd; S. *carbohydrate*

categori *eg* (categorïau) grŵp o bethau neu bobl sy'n debyg i'w gilydd; S. *category*

cyflwyniad *eg* y weithred o gyflwyno, perfformiad; S. *presentation*

cynnyrch llaeth *eg* bwyd sy'n cael ei wneud â llaeth; S. *dairy products*

cytbwys *ans* yn gyfartal, heb ffafrio un peth dros y llall; S. *balanced*

dogn *eg* cyfran o faint arbennig; S. *portion, ration*

fitamin *eg* (fitaminau) sylwedd sydd ei angen arnon ni i gadw'n iach, mae fitaminau mewn rhai bwydydd a diodydd; S. *vitamin*

maeth *eg* y rhan o fwyd a diod sy'n iachus ac sy'n ein helpu i dyfu; S. *nourishment, nutrition*

mater *eg* (materion) testun sydd angen i rywun roi sylw iddo; S. *matter, subject*

mwyn *eg* (mwynau) sylwedd naturiol y gellir dod o hyd iddo yn y ddaear, mae mwynau mewn rhai bwydydd a diodydd; S. *mineral*

prinder *eg* dim digon o rywbeth; S. *shortage*

protein *eg* sylwedd mewn bwydydd sy'n rhaid ei gael er mwyn i'r corff dyfu'n iach; S. *protein*

tanwydd *eg* defnydd sy'n cael ei losgi er mwyn creu gwres neu egni; S. *fuel*

Glendid a gofal personol

amddiffyn *be* diogelu rhywun neu rywbeth rhag rhywbeth; S. *to protect*

benywaidd *ans* yn ymwneud â merch neu wraig; benyw; S. *feminine*

blewiach *ll* mân flew; S. *small hairs*

braster *eg* sylwedd olewog o dan y croen neu o amgylch rhai organau; S. *fat*

crafanc *eb* (crafangau) y darn ar goes neu droed rhai anifeiliaid sy'n medru gafael yn rhywbeth yn dynn; S. *claw*

chwarren *eb* organ yng nghorff person sy'n cynhyrchu ac yn gollwng hylif penodol; S. *gland*

germ *eg* (germau) micro-organeb sy'n gallu eich gwneud chi'n sâl; S. *germ*

gohebydd *eg* un sy'n ysgrifennu adroddiad neu stori ar gyfer papur newydd; S. *reporter, journalist*

gwreiddyn blewyn *eg* y rhan sy'n tyfu o dan y croen, yn cadw'r blewyn yn ei le; S. *hair root*

lleuen *eb* trychfil bach sy'n byw yng ngwallt neu ar groen pobl ac anifeiliaid; S. *louse*

mandwll *eg* un o'r tyllau bach iawn yn y croen y mae chwys yn dod drwyddo; S. *pore*

pelydryn *eg* (pelydrau) llinell syth sy'n dod o olau; S. *ray*

rheolaidd *ans* yn digwydd yn gyson, dro ar ôl tro, arferol; S. *regular*

tennyn *eg* rhaff neu gortyn i glymu anifail wrth rywbeth, neu i'w arwain; S. *leash, tether*

ymwelydd *eg* (ymwelwyr) un sy'n ymweld neu ar ymweliad; S. *visitor*

Dannedd

apwyntiad *eg* (apwyntiadau) trefniant i gyfarfod rhywun; S. *appointment*

bywyn *eg* rhan fewnol, dyner rhywbeth; S. *pulp*

calsiwm *eg* sylwedd mewn rhai bwydydd a diodydd sy'n rhoi corff, dannedd ac esgyrn iach a chryf i ni; S. *calcium*

cilddant *eg* (cilddannedd) un o'r dannedd mawr yng nghefn y geg; S. *molar*

corun *eg* rhan uchaf rhywbeth; S. *crown*

dant llygad *eg* (dannedd llygad) dant main, pigog sy'n rhwygo a malu bwyd; S. *canine tooth*

deintgig *eg* y cig rhwng y dannedd; S. *gum*

dentin *eg* y sylwedd mae dannedd wedi'i wneud ohono; yr haenen sy'n gorwedd o dan yr enamel; S. *dentine*

edau ddeintiol *eb* (edafedd deintiol) llinyn tenau iawn i lanhau rhwng y dannedd; S. *dental floss*

enamel *eg* wyneb llyfn a chaled dannedd sy'n eu hamddiffyn; S. *enamel*

fitamin C *eg* sylwedd sydd mewn rhai bwydydd ac sydd ei angen ar y corff; S. *vitamin C*

gwraidd *eg* y rhan o ddant, blewyn, ac ati, sy'n ei ddal yn dynn yn y corff; S. *root*

nerf *egb* (nerfau) rhan o system y corff sy'n trosglwyddo teimlad a negeseuon i'r ymennydd ac oddi wrtho; S. *nerve*

parhaol *ans* yn parhau am amser hir neu am byth; S. *permanent*

pydru *be* mynd yn ddrwg, yr hyn sy'n digwydd i rywbeth ar ôl iddo farw; S. *to rot*

Dwi'n rhan o'r byd mawr

anghyfreithlon *ans* yn torri'r gyfraith; S. *unlawful, illegal*

y Cenhedloedd Unedig corff a ffurfiwyd yn 1945, gyda'r bwriad o sicrhau heddwch rhwng gwledydd y byd; S. *the United Nations*

comisiynydd *eg* aelod neu bennaeth comisiwn neu uned weinyddol; S. *commissioner*

confensiwn *eg* dealltwriaeth rhwng gwledydd ar bwnc arbennig; S. *convention*

ffoadur *eg* (ffoaduriaid) rhywun sydd wedi gadael ei wlad ar adeg o ryfel; S. *refugee*

llysgennad *eg* (llysgenhadon) rhywun sy'n cynrychioli ei wlad yn swyddogol mewn gwlad arall; S. *ambassador*

preifatrwydd *eg* heb neb yn ymyrryd, bod ar wahân i bobl eraill; S. *privacy*

sicrhau *be* gwneud yn siŵr; S. *to ensure*